聚焦 · 新起点
JUJIAO · XINQIDIAN

核心素养导向下的
语文教学育人模式变革

HEXIN SUYANG DAOXIANG XIA DE
YUWEN JIAOXUE YUREN MOSHI BIANGE

王 蕊／著

天津社会科学院出版社

图书在版编目（CIP）数据

聚焦·新起点：核心素养导向下的语文教学育人模式变革 / 王蕊著. -- 天津：天津社会科学院出版社，2024. 10. -- ISBN 978-7-5563-1049-4

Ⅰ. G633.302

中国国家版本馆 CIP 数据核字第 20245L4M74 号

聚焦·新起点：核心素养导向下的语文教学育人模式变革

JUJIAO·XINQIDIAN:HEXIN SUYANG DAOXIANG XIA DE YUWEN JIAOXUE YUREN MOSHI BIANGE

选题策划：韩　鹏
责任编辑：柳　晔
装帧设计：高馨月
出版发行：天津社会科学院出版社
地　　址：天津市南开区迎水道 7 号
邮　　编：300191
电　　话：(022) 23360165
印　　刷：高教社（天津）印务有限公司
开　　本：710×1000　　1/16
印　　张：13.25
字　　数：200 千字
版　　次：2024 年 10 月第 1 版　　2024 年 10 月第 1 次印刷
定　　价：88.00 元

前　言

　　自 2010 年国家制定中长期教育发展规划,到 2014 年以高中考试招生制度改革为撬动点推进综合教育改革,近年来国家相继出台一系列政策文件。作为语文教师,需明晰在教育发展转型的特殊历史时期,教育内涵式发展需破解的主要问题与对策,语文学科发展面临的现实困境及解决策略,以及如何将语文教学改革融入课程改革大背景,通过构建特色课程夯实学科发展基础。

　　本书以 2017 年版普通高中语文课程标准(2020 年修订,简称新课标)颁布为新起点,聚焦核心素养导向下的语文育人模式变革。围绕年度主题,回顾 2017 至 2020 年新课标颁布至新教材使用的关键时期,关注变化与转型。聚焦国家对立德树人根本任务的整体规划,立足深化改革,强化内涵建设,发展素质教育,提升育人质量。助力语文教师理解国家推动教育内涵式发展的政策文件,思考语文教育发展的前瞻性及当前改革的具体问题,增强改革动力。

　　本书共设四章,分别为:聚焦新课标、聚焦新理念、聚焦综合改革、聚焦新教材。第一章聚焦新课标,围绕学生核心素养发展探究语文课程标准。第二章聚焦新理念,探讨新时代语文教育新理念。第三章聚焦综合改革,研究高中育人方式转变与语文教学改革。第四章聚焦新教材,探索核心素养导向的新教材建构。

　　具体而言,第一章聚焦新课标,其探究目标涵盖三个层面:其一,明晰中国学生发展核心素养与语文学科核心素养的具体内容及发展标准;其二,坚定以促进学生发展为导向实施教学改革的决心;其三,解读 2017 版普通高中语文课程标准,把握主要变化与核心要旨。本章主要内容包含四个方面:一是普通高中语文课程标准新旧版本的对比研究;二是课程标准修订遵循的基本原则与新版特色;三是基于课程标准实施语文教育的策略建议;四是语文教学过程中有效研习策略的探索。

第二章聚焦新理念,探究目标分为三个方面:其一,明确教育转型期为落实立德树人根本任务,2017年版高中语文课程标准研制的基本理念;其二,深化对课程育人目标与学科核心素养关系的理解;其三,掌握语文课程基本特点,坚守正确改革方向。本章主要内容包括四个部分:一是语文学科发展面临的现实问题、困境及解决对策;二是语文课程基本理念阐释;三是语文课程的基本特征与模式;四是语文教学改革的发展趋势。

第三章聚焦综合改革,探究目标包含三个方面:其一,学习领会《关于新时代推进普通高中育人方式改革的指导意见》精神;其二,落实具体要求,发挥课程育人功能;其三,结合育人导向与课程改革,探寻语文教学改革路径与方法。本章主要内容有三个方面:一是解读《关于新时代推进普通高中育人方式改革的指导意见》,领会精神实质与工作要求;二是结合语文课程建设实施探索改革路径;三是通过实证研究推介有效教学案例。

第四章聚焦新教材,探究目标涉及三个方面:其一,了解基于2017年版高中语文课程标准研发的部编高中语文教材体例与特点;其二,依据新教材特点明确使用建议,做好教学整体规划;其三,把握课程育人导向,通过教学案例分析落实学科核心素养。主要内容包括三个方面:一是剖析基于2017年版高中语文课程标准的新教材特点、体例及内容;二是针对新教材探索适配教学策略与方法,提出教学改进建议;三是构建助力学生核心素养发展的语文教学模式。

本书旨在助力语文教师理解教育政策,解决现实问题,增强改革动力,推动语文教育内涵式发展。

编者

目　录

第一章

聚焦 2017

——聚焦新课标：基于学生核心素养发展的语文课程标准

【章节说明】

本章通过普通高中语文课程标准新旧两版的比较研究，解读 2017 年版普通高中语文课程标准（2017 年版 2020 年修订，简称"新课标"），了解主要变化和要旨，明确中国学生发展核心素养与语文学科核心素养的具体内容和发展标准，关注语文学科在教育改革中面临的新形势、新任务，语文学科建设最前沿的新方法、新策略，语文学科在教学改革中的新思考、新发展，帮助广大学科教师增长教学见识，开阔改革视野。

第一节 普通高中语文课程标准
新旧两版的比较研究①

2018年1月16日上午,教育部召开新闻发布会,宣布历时4年的普通高中新课程方案和语文学科等学科课程标准修改工作已全部完成,经国家教材委员会审查通过,于2017年底印发(2020年修订),并于2018年秋季开始执行。新的课程方案和课程标准有哪些主要变化,凝练学科核心素养的主要考虑是什么,为什么补充了学业质量要求等,笔者逐一分析。

一、概览比较

1.结构概览

(1)新旧课标结构概览

表1-1 新旧课标结构概览

普通高中语文课程标准(实验稿) (以下简称2003版)	普通高中语文课程标准 (2017年版2020年修订) (以下简称2017版)
第一部分 前言 　一、课程性质 　二、课程的基本理念 　三、课程设计思路	一、课程性质与基本理念 　(一)课程性质 　(二)基本理念 二、学科核心素养与课程目标 　(一)学科核心素养

---

① 本文引用普通高中语文课程标准新旧两版进行比较研究的版本为:中华人民共和国教育部:《普通高中语文课程标准(2017年版2020年修订)》,人民教育出版社,2020年。中华人民共和国教育部:《普通高中语文课程标准(实验)》,人民教育出版社,2003年。
　　下同。

普通高中语文课程标准（实验稿）（以下简称 2003 版）	普通高中语文课程标准（2017 年版 2020 年修订）（以下简称 2017 版）
第二部分　课程目标 　　一、必修课程 　　二、选修课程 第三部分　实施建议 　　一、教学建议 　　二、评价建议 　　三、教科书编写建议 　　四、课程资源的利用与开发 附　录 　　一、关于诵读篇目和课外读物的建议 　　　　1. 关于诵读篇目的建议 　　　　2. 关于课外读物的建议 　　二、选修课程举例	（二）课程目标 三、课程结构 　　（一）设计依据 　　（二）结构 　　（三）学分与选课 四、课程内容 　　（一）学习任务群 　　（二）学习要求 五、学业质量 　　（一）学业质量内涵 　　（二）学业质量水平 　　（三）学业质量水平与考试评价的关系 六、实施建议 　　（一）教学与评价建议 　　（二）学业水平考试与高考命题建议 　　（三）教材编写建议 　　（四）课程资源的利用与开发 　　（五）地方和学校实施本课程的建议 附　录 　　附录 1　古诗文背诵推荐篇目 　　附录 2　关于课内外读物的建议

分析：

①新版课标新增了语文学科核心素养；

②新版课标提出了新的课程结构，并详细说明了设计依据和具体操作建议；

③新版课标创造性地提出了学业质量，并详细阐述了其内涵、水平以及学业质

量水平与考试评价的关系；

④新版课标在实施建议部分,增加了学业水平考试与高考命题建议、地方和学校实施本课程的建议；

⑤新版课标在附录部分,把关于诵读篇目和课外读物的建议,变成了古诗文背诵推荐篇目和关于课内外读物的建议,删掉了选修课程举例。

（2）新旧课标课程结构对比

表1-2　新旧课标课程结构对比

版本	具体内容
2003 版	**必修课程** 包含"阅读与鉴赏""表达与交流"两个方面的目标,组成"语文1"至"语文5"五个模块。每个模块都是综合的,体现"阅读与鉴赏""表达与交流"的目标和内容。必修课程五个模块的学习可在高一至高二两个学期半的时间里循序渐进地完成,也可以根据需要灵活安排。 **选修课程** 选修课程设计五个系列:诗歌与散文、小说与戏剧、新闻与传记、语言文字应用、文化论著研读。每个系列可设计若干模块。 学校应按照各个系列的课程目标,根据本校的课程资源和学生的需求,有选择地设计模块,开设选修课。对于模块的内容组合以及模块与模块之间的顺序编排,各学校可以根据实际情况灵活实施。课程的具体名称可由学校自定。
2017 版	普通高中语文课程由必修、选择性必修、选修三类课程构成。三类课程分别安排7至9个学习任务群。中华优秀传统文化、革命文化和社会主义先进文化方面的内容始终贯穿必修、选择性必修、选修。 **必修课程7个**:"整本书阅读与研讨""当代文化参与""跨媒介阅读与交流""语言积累、梳理与探究""文学阅读与写作""思辨性阅读与表达""实用性阅读与交流"。 **选择性必修课程9个**:"整本书阅读与研讨""当代文化参与""跨媒介阅读与交流""语言积累、梳理与探究""中华传统文化经典研习"

版本	具体内容
	"中国革命传统作品研习""中国现当代作家作品研习""外国作家作品研习""科学与文化论著研习"。 选修课程9个:"整本书阅读与研讨""当代文化参与""跨媒介阅读与交流""汉字汉语专题研讨""中华传统文化专题研讨""中国革命传统作品专题研讨""中国现当代作家作品专题研讨""跨文化专题研讨""学术论著专题研讨"。

分析:

①新版课标在课程结构上新增了选择性必修课程;

②新版课标每个部分的课程,均以学习任务群的形式展开,每个部分分别安排8至9个学习任务群;

③新版课标在课程结构部分,突出强调中华优秀传统文化、革命文化和社会主义先进文化方面的内容始终贯穿必修、选择性必修、选修。

2.内容对比

(1)课程性质

表1-3 课程性质

版本	具体内容
2003版	语文是最重要的交际工具,是人类文化的重要组成部分。工具性与人文性的统一,是语文课程的基本特点。 高中语文课程应进一步提高学生的语文素养,使学生具有较强的语文应用能力和一定的语文审美能力、探究能力,形成良好的思想道德素质和科学文化素质,为终身学习和有个性地发展奠定基础。

续表

版本	具体内容
2017版	语言文字是人类社会最重要的交际工具和信息载体,是人类文化的重要组成部分。语言文字的运用,包括生活、工作和学习中的听说读写活动以及文学活动,存在于人类社会的各个领域。 　　语文课程是一门学习祖国语言文字运用的综合性、实践性课程。工具性与人文性的统一,是语文课程的基本特点。语文课程应引导学生在真实的语言运用情境中,通过自主的语言实践活动,积累言语经验,把握祖国语言文字的特点和运用规律,加深对祖国语言文字的理解与热爱,培养运用祖国语言文字的能力;同时,发展思辨能力,提升思维品质,培育社会主义核心价值观,培养高尚的审美情趣,积累丰厚的文化底蕴,理解文化多样性。 　　普通高中语文课程,应使全体学生在义务教育的基础上进一步提高语文素养,形成良好的思想道德修养和科学人文修养,为终身学习奠定基础,为传承和发展中华文化、增强民族凝聚力和创造力发挥独特的功能,为培养德智体美劳全面发展的社会主义建设者和接班人发挥应有的作用。

分析:

①新版课标进一步明确了语言文字的重要地位,指出语言文字不仅是人类文化的重要组成部分,还存在于人类社会的各个领域;

②新版课标新增了对语文课程的性质、特点及育人功能的具体阐述;

③新版课标对高中语文课程性质不仅保留了旧版课标中对语文素养、思想道德素质、科学文化素质、终身学习等的要求,还提出了对传承和发展中华文化、增强民族凝聚力和创造力,培养德智体美劳全面发展的社会主义建设者和接班人的新要求。

（2）基本理念

表1-4 基本理念

版本	具体内容
2003 版	1.全面提高学生的语文素养,充分发挥语文课程的育人功能 2.注重语文应用、审美与探究能力的培养,促进学生均衡而有个性地发展 3.遵循共同基础与多样选择相统一的原则,构建开放、有序的语文课程
2017 版	1.坚持立德树人,增强文化自信,充分发挥语文课程的育人功能 2.以核心素养为本,推进语文课程深层次的改革 3.加强实践性,促进学生语文学习方式的转变 4.注重时代性,构建开放、多样、有序的语文课程

表 1-5 基本理念对比

2003 版	2017 版
基本理念 建设高中语文课程,应继续坚持《全日制义务教育语文课程标准(实验)》中提出的基本理念,根据新时期高中语文教育的任务和学生的需求,从"知识和能力""过程和方法""情感态度和价值观"三个方面出发设计课程目标,努力改革课程的内容、结构和实施机制。 1. 全面提高学生的语文素养,充分发挥语文课程的育人功能 高中语文课程应帮助学生获得较为全面的语文素养,在继续发展和不断提高的过程中有效地发挥作用,以适应未来学习、生活和工作的需要。 高中语文课程必须充分发挥自身的优势,弘扬和培育民族精神,使学生受到优秀文化的熏陶,塑造热爱祖国和中华文明、献身人类进步事业的精神品格,形成健康美好的情感和奋发向上的人生态度;应增进课程内容与学生成长的联系,引导学生积极参与实践活动,学习认识自然、认识社会、认识自我、规划人生,实现本课程在促进人的全面发展方面的价值追求。 2. 注重语文应用、审美与探究能力的培养,促进学生均衡而有个性地发展 高中语文课程,应注重应用,加强与社会发展、科技进步的联系,加强与其他课程的沟通,以适应现实生活和学生自我发展的需要。要使学生掌握语言交际的规范和基本能力,	**基本理念** 1. 坚持立德树人,增强文化自信,充分发挥语文课程的育人功能 祖国语文是中华儿女的精神家园,语文课程对继承和弘扬中华优秀传统文化、革命文化、社会主义先进文化,培养文化自信,推动文化的创新发展,具有不可替代的优势。 普通高中语文课程,必须以习近平新时代中国特色社会主义思想为指导,坚持立德树人,弘扬民族精神,融入社会主义核心价值观教育,培养热爱中华文明、热爱祖国、热爱人民、热爱中国共产党的深厚感情,以及热爱美好生活和奋发向上的人生态度,使学生逐步形成自己的思想、行为准则,增强为中华民族伟大复兴而努力的历史使命感和社会责任感。坚持加强语文课程内容与学生成长的联系,引导学生积极参与实践活动,学习认识自然、认识社会、认识自我、规划人生,在促进人的全面发展方面发挥应有的功能。 2. 以核心素养为本,推进语文课程深层次的改革 随着社会和教育事业的发展,语文课程更加强调以核心素养为本。要进一步改革语文课程的目标和内容,既要关注知识技能的外显功能,更要重视课程的隐性价值,还要关注语文课程在社会信息化过程中新的内涵变化;通过改革,让学生多经历、体验各类启示性、陶冶性的语文学习活动,逐渐实现多方面要素的综合与内化,养成现代社会所需要的

2003 版	2017 版
并通过语文应用让学生养成认真负责、实事求是的科学态度。 审美教育有助于促进人的知、情、意全面发展。文学艺术的鉴赏和创作是重要的审美活动,科学技术的创造发明以及社会生活的许多方面也都贯穿着审美追求。未来社会更崇尚对美的发现、追求和创造。语文具有重要的审美教育功能,高中语文课程应关注学生情感的发展,让学生受到美的熏陶,培养自觉的审美意识和高尚的审美情趣,培养审美感知和审美创造的能力。 现代社会要求人们思想敏锐,富有探索精神和创新能力,对自然、社会和人生具有更深刻的思考和认识。高中学生身心发展渐趋成熟,已具有一定的阅读表达能力和知识文化积累,促进他们探究能力的发展应成为高中语文课程的重要任务。应在继续提高学生观察、感受、分析、判断能力的同时,重点关注学生思考问题的深度和广度,使学生增强探究意识和兴趣,学习探究的方法,使语文学习的过程成为积极主动探索未知领域的过程。 3. 遵循共同基础与多样选择相统一的原则,构建开放、有序的语文课程。 高中语文课程应遵循共同基础与多样选择相统一的原则,精选学习内容,变革学习方式,使全体学生都获得必需的语文素养;同时,必须顾及学生在原有基础、自我发展方向和学习需求等方面的差异,激发学生的兴趣和潜能,增强课程的选择性,为每一个学生创	思维品质、精神面貌和行为方式。 普通高中语文课程应继续引导学生丰富语言积累,培养良好语感,掌握学习语文的基本方法,养成良好的学习习惯,提高运用祖国语言文字的能力;语言文字运用和思维密切相关,语文教育必须同时促进学生思维能力的发展与思维品质的提升;语文教育也是提高审美素养的重要途径,要让学生在语言文字运用的学习中受到美的熏陶,培养自觉的审美意识和高尚的审美情趣,培养审美感知和创造表现的能力;语言文字的运用体现时代的发展状况和人的文化修养,语文课程应该引导学生自觉传承中华优秀传统文化和革命文化,吸收世界各民族文化精华,积极参与中国特色社会主义先进文化的建设与传播。 3. 加强实践性,促进学生语文学习方式的转变 语文课程作为一门实践性课程,应着力在语文实践中培养学生的语言文字运用能力。学习运用祖国语言文字的资源和实践机会无处不在,应增强学生学语文、用语文的自觉意识,积极利用信息技术以及身边的各种资源和机会,通过阅读与鉴赏、表达与交流、梳理与探究等语文实践,积累言语经验,把握语文运用的规律,学会语文运用的方法,有效地提高语文能力,并在学习语言文字运用的过程中促进方法、习惯及情感、态度与价值观的综合发展。 语文课程还应当适应当代社会的发展需

续表

2003 版	2017 版
设更好的学习条件和更广阔的成长空间,促进学生特长和个性的发展。 　　高中语文课程应该具有相对稳定的结构,并形成富有弹性的实施机制。学校应在课程标准的指导下,有选择地、创造性地设计和实施课程,帮助教师提高水平、发展特长,开发和利用各方面的课程资源,建立互补互动的资源网络,建设开放、多样、有序的语文课程体系。 　　　　　　——普通高中语文课程标准(实验)	要,为培养创新人才发挥重要作用。要引导学生在语言文字运用的过程中发现问题,培养探究意识和发现问题的敏感性,探求解决问题和语言表达的创新途径。 　　4.注重时代性,构建开放、多样、有序的语文课程 　　普通高中语文课程应适应社会对人才的多样化需求和学生对语文教育的不同期待,精选学习内容,变革学习方式,确保全体学生都获得必备的语文素养;帮助学生认识自己语文学习的已有基础、发展需求和方向,激发学习兴趣和潜能,在跨文化、跨媒介的语文实践中开阔视野,在更宽广的选择空间发展各自的语文特长和个性。 　　普通高中语文课程应具有相对稳定的结构和富有弹性的实施机制。应在课程标准的指导下,提高教师水平,发展教师特长,引导教师开发语文课程资源,有选择地、创造性地实施课程;把握信息时代新特点,积极利用新技术、新手段,建设开放、多样、有序的语文课程体系,使学生语文素养的发展与提升能适应社会进步新形势的需要。 　　　　——普通高中语文课程标准(2017 年版2020 年修订)

分析:

①新版课标在强调提高语文素养的同时,提出了以核心素养为本的理念;

②新版课标在强调发挥语文课程的育人功能的同时,明确提出了立德树人、增强文化自信的理念;

③新版课标在强调加强实践性的同时,提出了促进学生语文学习方式的转变;

④新版课标在强调构建开放、有序的语文课程的同时,还提出了注重时代性、多样性的理念。

二、课程目标

1.具体内容

表 1-6　具体内容对比

2003 版	2017 版
课程目标 　　**积累·整合** 　　能围绕所选择的目标加强语文积累,在积累的过程中,注重梳理。根据自己的特点,扬长补短,逐步形成富有个性的语文学习方式。了解学习方法的多样性,掌握学习语文的基本方法,能根据需要,采用适当的方法解决阅读、交流中的问题。通过对语文知识、能力、学习方法和情感、态度、价值观等方面要素的融汇整合,切实提高语文素养。 　　**感受·鉴赏** 　　阅读优秀作品,品味语言,感受其思想、艺术魅力,发展想象力和审美力。具有良好的现代汉语语感,努力提高对古诗文语言的感受力。在阅读中,体味大自然和人生的多姿多彩,激发珍爱自然、热爱生活的感情;感受艺术和科学中的美,提升审美境界。通过阅读和鉴赏,深化热爱祖国语文的感情,体会中华文化的博大精深、源远流长,陶冶性情,追求高尚情趣,提高道德修养。 　　**思考·领悟** 　　根据自己的学习目标,选读经典名著和	课程目标 　　1.语言积累与建构。积累较为丰富的语言材料和言语活动经验,形成良好的语感;在已经积累的语言材料间建立起有机的联系,在探究中理解、掌握祖国语言文字运用的基本规律。 　　2.语言表达与交流。能凭借语感和对语言运用规律的把握;根据具体的语言情境和不同的对象,运用口头和书面语言文明得体地进行表达与交流;能将具体的语言文字作品置于特定的交际情境和历史文化情境中理解、分析和评价。 　　3.语言梳理与整合。通过梳理和整合,将积累的语言材料和学习的语文知识结构化,将言语活动经验逐渐转化为具体的学习方法和策略,并能在语言实践中自觉地运用。 　　4.增强形象思维能力。获得对语言和文学形象的直觉体验;在阅读与鉴赏、表达与交流、梳理与探究活动中运用联想和想象,丰富自己对现实生活和文学形象的感受与理解,丰富自己的经验与语言表达。 　　5.发展逻辑思维。能够辨识、分析、比较、

2003 版	2017 版
其他优秀读物，与文本展开对话。通过阅读和思考，领悟其丰富内涵，探讨人生价值和时代精神，以利于逐步形成自己的思想、行为准则，树立积极向上的人生理想，增强为民族振兴而努力的使命感和社会责任感。养成独立思考、质疑探究的习惯，发展思维的严密性、深刻性和批判性。乐于进行交流和思想碰撞，在相互切磋中，加深领悟，共同提高。 **应用·拓展** 能在生活和其他学习领域中，正确、熟练、有效地运用祖国语言文字。在语文应用中开阔视野，初步认识自己学习语文的潜能和倾向，根据需要和可能，在自己喜爱的领域有所发展。增强文化意识，重视人类文化遗产的传承，尊重和理解多元文化，关注当代文化生活，学习对文化现象的剖析，积极参与先进文化的传播和交流。注重跨领域学习，拓展语文学习的范围，通过广泛的实践，提高语文综合应用能力。 **发现·创新** 注意观察语言、文学和中外文化现象，学习从习以为常的事实和过程中发现问题，培养探究意识和发现问题的敏感性。对未知世界始终怀有强烈的兴趣和激情，敢于探异求新，走进新的学习领域，尝试新的方法，追求思维的创新、表达的创新。学习多角度多层次地阅读，对优秀作品能够常读常新，获得新的体验和发现。学习用历史眼光和现代观念审视古代作品的内容和思想倾向，提出自己	归纳和概括基本的语言现象和文学现象，并能有理有据地表达自己的观点和阐述自己的发现；运用基本的语言规律和逻辑规则，判别语言运用的正误，准确、生动、有逻辑地表达自己的认识；运用批判性思维审视语言文字作品，探究和发现语言现象和文学现象，形成自己对语言和文学的认识。 6.提升思维品质。自觉分析和反思自己的语文实践活动经验，提高语言运用的能力，增强思维的深刻性、敏捷性、灵活性、批判性和独创性。 7.增进对祖国语言文字的美感体验。感受祖国语言文字独特的美，增强热爱祖国语言文字的感情。 8.鉴赏文学作品。感受和体验文学作品的语言、形象和情感之美，能欣赏、鉴别和评价不同时代、不同风格的作品，具有正确的价值观、高尚的审美情趣和审美品位。 9.美的表达与创造。能运用祖国语言文字表达自己的审美体验，表达自己的情感、态度和观念，表现和创造自己心中的美好形象；讲究语言文字表达的效果及美感，具有创新意识。 10.传承中华文化。通过学习运用祖国语言文字，体会中华文化的博大精深、源远流长，体会中华文化的核心思想理念和人文精神，增强文化自信，理解、认同、热爱中华文化，继承、弘扬中华优秀传统文化和革命文化。

2003 版	2017 版
的看法。在探究活动中,勇于提出自己的见解,尊重他人的成果,不断提高探究能力,逐步养成严谨、求实的学风。 ——普通高中语文课程标准(实验)	11. 理解多样文化。通过学习语言文字作品,懂得尊重和包容,初步理解和借鉴不同民族、不同区域、不同国家的优秀文化,吸收人类文化的精华。 12. 关注、参与当代文化。关注并积极参与当代文化传播与交流,在运用祖国语言文字的过程中,坚定文化自信,提高社会责任感,增强为中华民族伟大复兴而奋斗的使命感。 ——普通高中语文课程标准(2017 年版2020 年修订)

2. 解读分析

(1)新版课标与旧版课标,在课程目标上都强调知识与能力、过程与方法、情感态度与价值观三维目标的整合;

(2)新版课标,紧紧围绕语文学科核心素养的四个方面——语言建构与运用、思维发展与提升、审美鉴赏与创造、文化传承与理解展开,目标具体明确、内容丰富,紧跟时代发展的新形势。

(3)以旧版课标课程目标的五个方面"积累·整合""感受·鉴赏""思考·领悟""应用·拓展""发现·创新"分别对应新版课标课程目标的十二条,来做具体呈现。(见图 1-1 至 1-5)

积累·整合

能围绕所选择的目标加强语文积累,在积累的过程中,注重梳理。

根据自己的特点,扬长补短,逐步形成富有个性的语文学习方式。

了解学习方法的多样性,掌握学习语文的基本方法,能根据需要,采用适当的方法解决阅读、交流中的问题。

通过对语文知识、能力、学习方法和情感、态度、价值观等方面要素的融汇整合,切实提高语文素养。

1. 语言积累与建构。积累较为丰富的语言材料和言语活动经验,形成良好的语感;在已经积累的语言材料间建立起有机的联系,在探究中理解、掌握祖国语言文字运用的基本规律。

3. 语言梳理与整合。通过梳理和整合,将积累的语言材料和学习的语文知识结构化,将言语活动经验逐渐转化为具体的学习方法和策略,并能在语言实践中自觉地运用。

2. 语言表达与交流。能凭借语感和对语言运用规律的把握;根据具体的语言情境和不同的对象,运用口头和书面语言文明得体地进行表达与交流;能将具体的语言文字作品置于特定的交际情境和历史文化情境中理解、分析和评价。

9. 美的表达与创造,能运用祖国语言文字表达自己的审美体验,表达自己的情感、态度和观念,表现和创造自己心中的美好形象;讲究语言文字表达的效果及美感,具有创新意识。

普通高中语文课程标准(实验)

普通高中语文课程标准(2017 年版 2020 年修订)

图1-1　对应"积累·整合"

感受·鉴赏

阅读优秀作品,品味语言,感受其思想、艺术魅力,发展想像力和审美力。具有良好的现代汉语语感,努力提高对古诗文语言的感受力。

在阅读中,体味大自然和人生的多姿多彩,激发珍爱自然、热爱生活的感情;感受艺术和科学中的美,提升审美境界。

通过阅读和鉴赏,深化热爱祖国语文的感情,体会中华文化的博大精深、源远流长,陶冶性情,追求高尚情趣,提高道德修养。

4. 增强形象思维能力。获得对语言和文学形象的直觉体验;在阅读与鉴赏、表达与交流、梳理与探究活动中运用联想和想象,丰富自己对现实生活和文学形象的感受与理解,丰富自己的经验与语言表达。

8. 鉴赏文学作品。感受和体验文学作品的语言、形象和情感之美,能欣赏、鉴别和评价不同时代、不同风格的作品,具有正确的价值观、高尚的审美情趣和审美品位。

7. 增进对祖国语言文字的美感体验,感受祖国语言文字独特的美,增强热爱祖国语言文字的感情。

10. 传承中华文化。通过学习运用祖国语言文字,体会中华文化的博大精深、源远流长,体会中华文化的核心思想理念和人文精神,增强文化自信,理解、认同、热爱中华文化,继承、弘扬中华优秀传统文化和革命文化。

普通高中语文课程标准(实验)

普通高中语文课程标准(2017 年版 2020 年修订)

图1-2　对应"感受·鉴赏"

思考·领悟

根据自己的学习目标，选读经典名著和其他优秀读物，与文本展开对话。通过阅读和思考，领悟其丰富内涵，探讨人生价值和时代精神，以利于逐步形成自己的思想、行为准则，树立积极向上的人生理想，增强为民族振兴而努力的使命感和社会责任感。

养成独立思考、质疑探究的习惯，发展思维的严密性、深刻性和批判性。

乐于进行交流和思想碰撞，在相互切磋中，加深领悟，共同提高。

普通高中语文课程标准（实验）

5. 发展逻辑思维。能够辨识、分析、比较、归纳和概括基本的语言现象和文学现象，并能有理有据地表达自己的观点和阐述自己的发现；运用基本的语言规律和逻辑规则，判别语言运用的正误，准确、生动、有逻辑地表达自己的认识；运用批判性思维审视言语作品；探究和发现语言现象和文学现象，形成自己对语言和文学的认识。

6. 提升思维品质。自觉分析和反思自己的语文实践活动经验，提高语言运用的能力，增强思维的深刻性、敏捷性、灵活性、批判性和独创性。

普通高中语文课程标准（2017 年版 2020 年修订）

图 1-3 对应"思考·领悟"

应用·拓展

能在生活和其他学习领域中，正确、熟练、有效地运用祖国语言文字。在语文应用中开阔视野，初步认识自己学习语文的潜能和倾向，根据需要和可能，在自己喜爱的领域有所发展。增强文化意识，重视人类文化遗产的传承，尊重和理解多元文化。

关注当代文化生活，学习对文化现象的剖析，积极参与先进文化的传播和交流。注重跨领域学习，拓展语文学习的范围，通过广泛的实践，提高语文综合应用能力。

普通高中语文课程标准（实验）

11. 理解多样文化，通过学习语言文字作品，懂得尊重和包容，初步理解和借鉴不同民族、不同区域、不同国家的文化，吸收人类文化的精华。

12. 关注、参与当代文化。关注并积极参与当代文化传播与交流，在运用祖国语言文字的过程中，坚持文化自信，提高社会责任感，增强为中华民族伟大复兴而奋斗的使命感。

普通高中语文课程标准（2017 年版 2020 年修订）

图 1-4 对应"应用·拓展"

发现·创新

注意观察语言、文学和中外文化现象，学习从习以为常的事实和过程中发现问题，培养探究意识和发现问题的敏感性。对未知世界始终怀有强烈的兴趣和激情，敢于探异求新，走进新的学习领域，尝试新的方法，<u>追求思维的创新、表达的创新</u>。学习多角度多层次地阅读，对优秀作品能够常读常新，获得新的体验和发现。学习用历史眼光和现代观念审视古代作品的内容和思想倾向，<u>提出自己的看法</u>。在探究活动中，勇于提出自己的见解，尊重他人的成果，不断提高探究能力，逐步养成严谨、求实的<u>学风</u>。

5.发展逻辑思维。能够辨识、分析、比较、归纳和概括基本的语言现象和文学形象，并能<u>有理有据地表达自己的观点和阐述自己的发现</u>；运用基本的语言规律和逻辑规则，判别语言运用的正误，<u>准确、生动、有逻辑地表达自己的认识</u>；运用批判性思维审视语言文字作品，探究和发现语言现象和文学现象，<u>形成自己对语言和文学的认识</u>。

普通高中语文课程标准（实验）

普通高中语文课程标准（2017 年版 2020 年修订）

图 1-5 对应"发现·创新"

第二节 修订课程标准所遵循的基本原则与新版特点

一、基本原则

聚焦年度主题，回望修订背景，新课标出台遵循怎样的基本原则？让我们一起来回顾时代面貌，从政策梳理和核心素养两个方面来观照。

1.政策梳理

（1）人才生态是持久竞争力

人才资源是支撑发展的第一资源，国家要走创新发展之路，首先要重视创新人才的聚集，对一个地区、一座城市、一个单位来说，亦是如此。实践证明，有一流的人才方能产出一流的创新成果,要想又好又快发展,就必须有优秀人才的源源会聚。

(2)修订的背景和意义

一是落实立德树人根本任务的需要。党的十八大明确提出"把立德树人作为教育的根本任务",党的十九大进一步强调"落实立德树人根本任务,发展素质教育",这些要求必须全面落实到普通高中课程方案和课程标准之中。

二是解决高中课改面临的问题和挑战的需要。十九大代表、时任教育部部长陈宝生指出,我国教育总体水平已经进入世界中上行列,教育的质量明显提高,教育发展的条件有了历史性的改变,教育的国际影响力明显增强,教育改革全面深化。在这样的背景下,我国2003年印发的普通高中课程方案和课程标准实验稿,指导了十余年的高中课程改革实践,在全面推进素质教育中发挥了重要作用。但是,面对社会经济、科技文化发生的巨大变化,对人才培养提出的更高要求,还有一些不相适应和亟待改进之处,需要进行修订完善。[①]

三是推进与高考综合改革相衔接的需要。2014年国务院印发《关于深化考试招生制度改革的实施意见》,要求对高中课程和高考改革进行统筹谋划,做好衔接。2017年教育改革持续纵深发展,提出2020年全面建立新高考制度(表1)。

表1-7 各地新高考制度的具体内容

地区	启动时间	执行时间	内容要点
北京	2017年	2020年	1. 从2017年秋季入学高一起,实施高中学业水平考试 2. 英语听力考试从笔试中分离,一年两次实行机考 3. 取消本科三批与本科二批合并 4. 自2018年起,推进高等学校考试招生改革 5. 2020年调整统一高考科目,实行"3+3",探索"两依据,一参考"

---

① 张晨:《促进人才培养模式转变 着力发展学生核心素养》,《中国教育报》2018年1月17日。

续表

地区	启动时间	执行时间	内容要点
山东	2017 年	2020 年	1. 2018 年全部科目使用全国卷 2. 2020 年高考实行"3+3"的考试模式 3. 未来"一批""二批"合并，除提前批次外，不再分批次录取。志愿填报由"学校+专业"改为"专业（类）+学校"形式。 4. 试行"两依据、一参考"
天津	2017 年	2020 年	1. 取消文理分科，考试科目实行"3+3"，不分文理；"两依据、一参考" 2. 2017 年秋季入学的高一年级开始实施 3. 英语一年两考，取较高的分数计入高考总分 4. 2017 年起高职院校在天津实行春季招生
海南	2017 年	2020 年	1. 2020 年高考不分文理 2. 2020 年高考科目实行"3+3"，选考实行"6选3" 3. 总成绩按标准分呈现，语、数、外每科原始满分150分，转换成标准分，自选3科每门满分100分 4. 从2017年起，海南本科第一批和第二批合并录取。从2020年起，海南批次仅设本科批和专科批，分学校实行平行志愿投档和录取

（3）修订工作遵循的基本原则

①坚持正确的政治方向。充分体现马克思主义的指导地位和基本立场，充分反映习近平新时代中国特色社会主义思想，全面融入社会主义核心价值观，全面落实中央有关教育要求，引导学生形成正确的世界观、人生观、价值观，从源头上把好意识形态安全关。

②坚持科学论证。遵循教育教学规律和学生身心发展规律，贴近学生的思想、学习和生活实际，充分反映学生的成长需求。加强调查研究和测试论证，广泛听取

不同领域人员的意见,重大问题向权威机构、权威人士咨询,求真务实,严谨认真,确保课程内容科学,表述规范。

③坚持反映时代要求。反映先进教育思想和理念,高度关注信息化环境下的教学变革,促进人才培养模式的转变,着力发展学生核心素养。根据马克思主义中国化最新成果、经济社会发展新变化、科学技术进步新成果,及时更新教学内容和话语体系,努力反映党的十八大以来中国特色社会主义理论和建设新成就。

④坚持继承发展。对十余年普通高中课程改革实验进行系统梳理,总结提炼并继承已有经验和成功做法,确保课程改革的连续性。同时,发现并切实面对改革过程中存在的问题,有针对性地进行修订完善,在继承中前行,在改革中完善,使课程体系充满活力。

(4)修订后的课程如何具体落实党的十九大精神

党的十九大后,在之前修订基础上,结合各学科性质和学生年龄特征,将习近平新时代中国特色社会主义思想全面融入课程之中,主要新充实和强化了五个方面:

一是强调党的领导的重要性,在思想政治"政治与法治"部分,要求学生理解坚持党对一切工作的领导的重要性。

二是强调坚持中国特色社会主义道路,在思想政治"中国特色社会主义"部分阐明社会主义初级阶段主要矛盾转化的意义等。

三是强调发展中国特色社会主义文化,在语文、历史、外语等课标中,要求学生树立正确的历史观、国家观、民族观、文化观,理解中国特色社会主义文化,能够在跨文化交流中讲好中国故事,坚守中国文化立场。

四是强调牢固树立生态文明观,在地理、生物、化学等课标中,要求学生树立"绿水青山就是金山银山"的理念,树立人与自然和谐共生的观念。

五是强调创新精神、实践能力的培养,在信息技术、通用技术、数学等课标中要求学生学习了解物联网、人工智能、大数据处理等内容,培养精益求精的工匠精神和创意设计能力,感悟和弘扬劳模精神。

此外,在有关课标中还体现健康中国建设等要求,对课标中一些提法和表述也根据十九大报告作了规范。①

2.核心素养

（1）近年发布的有关核心素养的政策文件（表1-8）：

表1-8　有关核心素养的政策文件

时间	政策文件	素养评价	具体内容
2013	《教育部关于推进中小学教育质量综合评价改革的意见》	中小学教育质量综合评价指标框架（试行）	1.品德发展水平：行为习惯，公民素养，人格品质，理想信念 2.学业发展水平：知识技能，学科思想方法，实践能力，创新意识 3.身心发展水平：身体形态机能，健康生活方式，审美修养，情绪行为调控，人际沟通 4.兴趣特长养成：好奇心求知欲，爱好特长，潜能发展 5.学业负担状况：学习时间，课业质量，课业难度，学习压力②
2014	《教育部关于加强和改进普通高中学生综合素质评价的意见》	依据党的教育方针，反映学生全面发展情况和个性特长，注重考查学生社会责任感、创新精神和实践能力。	1.思想品德。主要考查学生在爱党爱国、理想信念、诚实守信、仁爱友善、责任义务、遵纪守法等方面的表现。 2.学业水平。主要考查学生各门课程基础知识、基本技能掌握情况以及运用知识解决问题的能力等。 3.身心健康。主要考查学生的健康生活方式、体育锻炼习惯、身体机能、运动技能和心理素质等。 4.艺术素养。主要考查学生对艺术的审美感受、理解、鉴赏和表现的能力。 5.社会实践。主要考查学生在社会生活中动手操作、体验经历等情况。③

① 张晨：《促进人才培养模式转变 着力发展学生核心素养》，《中国教育报》2018 年 1 月 17 日。
② 中华人民共和国教育部：《教育部关于推进中小学教育质量综合评价改革的意见》，《基础教育参考》2013 年第 13 期。
③ 中华人民共和国教育部：《教育部关于加强和改进普通高中学生综合素质评价的意见》，《云南教育》2015 年第 1 期。

续表

时间	政策文件	素养评价	具体内容
2016	《中国学生发展核心素养》	全面发展的人：文化基础—人文底蕴＋科学精神自主发展—学会学习＋健康生活社会参与—责任担当＋实践创新	1. 人文底蕴：人文积淀、人文情怀、审美情趣 2. 科学精神：理性思维、批判质疑、勇于探究 3. 学会学习：乐学善学、勤于反思、信息意识 4. 健康生活：珍爱生命、健全人格、自我管理 5. 责任担当：社会责任、国家认同、国际理解 6. 实践创新：劳动意识、问题解决、技术运用①

"核心素养"这一概念源自国外，并非中国本土原创。有人质疑，在已有全面发展、素质教育、学生综合素质、三维目标等情况下，再提"核心素养"是否有其必要性。我国提出核心素养并非出于形式或跟风的目的，而是基于内在的实际需求。即使国外没有提出核心素养，即便我们不采用这一术语，也仍然需要深刻反思。在推进素质教育和深化课程改革中，面向21世纪，我们需要明确在众多素质中，哪些"关键"素质对学生的终生发展最为重要，对促进社会发展和提升国家竞争力最为关键。因此，学科核心素养是学科育人价值的集中体现，是学生通过学科学习而逐步形成的正确价值观、必备品格和关键能力。

2016年《中国学生发展核心素养》发布，学生发展核心素养主要指学生应具备的，能够适应终身发展和社会发展需要的必备品格和关键能力。研究学生发展核心素养是落实立德树人根本任务的一项重要举措，也是适应世界教育改革发展趋势、提升中国教育国际竞争力的迫切需要。我们以《中国学生发展核心素养》(图1-6)18个要点之一的"社会责任"为例，来看"社会责任"包括的具体内容，如自尊自律，文明礼貌，诚信友善，宽和待人；孝亲敬长，有感恩之心；热心公益和志愿服务，敬业奉献，具有团队意识和互助精神；能主动作为，履职尽责，对自我和他人负

---

① 《〈中国学生发展核心素养〉发布》，《人民日报》2016年9月14日。

责;能明辨是非,具有规则与法治意识,积极履行公民义务,理性行使公民权利;崇尚自由平等,能维护社会公平正义;热爱并尊重自然,具有绿色生活方式和可持续发展理念及行动等[①]。内容详尽清晰,符合当下学生素养培养的必需。

中国学生发展核心素养		
文化基础	自主发展	社会参与
人文底蕴 / 科学精神	学会学习 / 健康生活	责任担当 / 实践创新
人文积淀 / 人文情怀 / 审美情趣 / 理性思维 / 批判质疑 / 勇于探究	乐学善学 / 勤于反思 / 信息意识 / 珍爱生命 / 健全人格 / 自我管理	社会责任 / 国家认同 / 国际理解 / 劳动意识 / 问题解决 / 技术运用

图1-6 中国学生发展核心素养

（2）2017版新课标为何聚焦核心素养

十九大报告提出,中国特色社会主义进入新时代,我国社会的主要矛盾已经转化为人民日益增长的美好生活需要和不平衡不充分的发展之间的矛盾。今后教育发展的任务就是进一步促进教育均衡发展,解决好不平衡不充分的问题,满足人民日益增长的享受更公平更高质量教育的需求。

时任教育部部长陈宝生强调,要承担起教育在中国特色社会主义新时代的历史使命,全面落实教育方针,落实好立德树人的根本任务,发展素质教育,推进教育

---

① 《〈中国学生发展核心素养〉发布》,《人民日报》2016年9月14日。

公平,建设教育强国,加快教育现代化,办好人民满意的教育。因此核心素养的提出,如图所示(图1-7),是在面对全球化、信息化、知识经济、生态危机、老龄化等一系列社会问题,聚焦经济发展、政治发展,教育所要承担的社会责任的大背景大前提下,对新的人才观、新的能力观培育的关键核心。聚焦到人的培养,核心素养是党的教育方针的具体化,是连接宏观教育理念、培养目标与具体教育教学实践的中间环节。党的教育方针通过核心素养这一桥梁,可以转化为教育教学实践可用的、教育工作者易于理解的具体要求,明确学生应具备的必备品格和关键能力,进一步深入回答"立德树人"的根本问题,从而引领课程改革和育人模式变革。

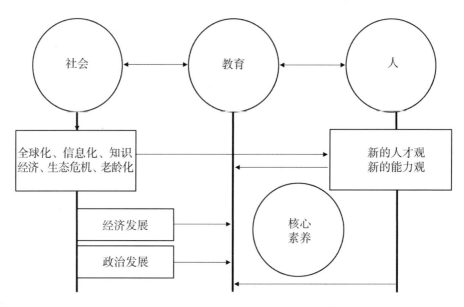

图1-7 基于学生核心素养发展的语文课程标准核心框架

二、新版特点

1.框架路线

新版课标最鲜明的几点变化体现为——新版课标立足本国特色,着眼于国际视野,顺应新时代的需求。对比旧版课标,新版课标具有鲜明变化:

（1）突出文化教育的重要地位

突出文化教育的重要地位是本次课标修改的重点之一。这不仅体现在语文课标中,也要求其他学科结合自身特点,进一步丰富和充实加强中华优秀传统文化教育的相关内容。语文新课标指出,抓住语文课程对继承和弘扬文化、培养文化自信、推动文化创新发展的优势,加强学生对中华优秀传统文化、革命文化、社会主义先进文化的深入学习和思考,形成正确的世界观、人生观和价值观,从而充分发挥语文课程的育人功能,达到立德树人、增强文化自信的目标。

（2）凝练语文学科核心素养

新版课标在旧版课标的语文素养的基础上,进一步凝练出了语文学科核心素养。新课标明确指出,语文学科核心素养是学生在积极的语言实践活动中积累与构建起来,并在真实的语言运用情境中表现出来的语言能力及其品质;是学生在语文学习中获得的语言知识与语言能力,思维方法与思维品质,情感、态度与价值观的综合体现。

新版课标把语文学科核心素养整合为四个方面:语言建构与运用、思维发展与提升、审美鉴赏与创造、文化传承与理解。这四个方面相互关联,形成一个整体。其中,语言建构与运用是语文学科的核心和基础。新课标指出,语言是重要的交际工具,也是重要的思维工具;语言文字是文化的载体,又是文化的重要组成部分,学习语言文字的过程也是文化获得的过程;语言文字作品是人类重要的审美对象,语文学习也是学生审美能力和审美品质发展的重要途径;语言建构与运用是语文学科核心素养的基础。在语文课程中,学生的思维发展与提升、审美鉴赏与创造、文化传承与理解,都是建立在语言的建构与运用基础之上,并通过学生个体言语经验不断发展得以实现。

（3）建构学习任务群

学习任务群是本次课标修订的一个亮点,也是组织课程的综合方法。语文学科学习任务群有 18 个,即:整本书阅读与研讨,当代文化参与,跨媒介阅读与交流,语言积累、梳理与探究,文学阅读与写作,思辨性阅读与表达,实用性阅读与交流,中华传统文化经典研习,中国革命传统作品研习,中国现当代作家作品研习,外国作家作品研习,科学与文化论著研习,汉字汉语专题研讨,中华传统文化专题研讨,中国革命传统作品专题研讨,中国现当代作家作品专题研讨,跨文化专题研讨,学术论著专题研讨。学习任务群内容丰富多样,旨在全面满足学生学习、生活和未来工作对语言运用基础能力的需求。它不仅涵盖了基础的语言运用能力培养还鼓励学生通过自主、合作、探究等学习方式,关注跨文化、跨媒介等语言文字运用的新视角。这一过程能够有效提升学生的自主学习的能力和语文课程的实践能力。

学习任务群在教学模式上与原有的教学模式有显著区别。它以专题的形式展开教学,内容包含文本,但不拘泥于文本,也不求知识的完备和系统性,而是着重于整体阅读、思维与表达能力的培养以及鉴赏能力的提升;在教学方式上,教师担任组织者角色,学生则成为学习的主体。

(4)优化语文课程结构

旧版课标把高中语文课程分为必修和选修两大部分,新版课标在这一基础上优化了语文课程结构,增加了选择性必修课程。因此,现行的高中语文课程结构为必修、选择性必修、选修。新版课标明确了课程结构及学分,必修、选择性必修、选修这三类课程分别安排7—9个学习任务群,并将中华优秀传统文化、革命文化和社会主义先进文化方面的内容始终贯穿必修、选择性必修、选修。[①] (表1-9)

---

① 胡勤:《〈普通高中语文课程标准(2017年版)〉解读》,《教育实践与研究》2018年第6期。

表1-9　普通高中语文课程结构及学分①

必修(8学分)	选择性必修(6学分)	选修(任选)
整本书阅读与研讨 (1学分)	（整本书阅读与研讨、当代文化参与、跨媒介阅读与交流在选择性必修和选修阶段不设学分,穿插在其他学习任务群中）	
当代文化参与 (0.5学分)		
跨媒介阅读与交流 (0.5学分)		
语言积累、梳理与探究 (1学分)	语言积累、梳理与探究 (1学分)	汉字汉语专题研讨 (2学分)
文学阅读与写作 (2.5学分)	中华传统文化经典研习 (2学分)	中华传统文化专题研讨 (2学分)
思辨性阅读与表达 (1.5学分)	中国革命传统作品研习 (0.5学分)	中国革命传统作品专题研讨 (2学分)
	中国现当代作家作品研习 (0.5学分)	中国现当代作家作品专题研讨 (2学分)
实用类阅读与交流 (1学分)	外国作家作品研习 (1学分)	跨文化专题研讨 (2学分)
	科学与文化论著研习 (1学分)	学术论著专题研讨 (2学分)

(5)明确学业质量标准

新版课标研制了学业质量标准,对学生学习具有导向性作用。新版课标指出,学业质量是学生在完成本学科课程学习后的学业成就表现,它以本学科核心素养及其表现水平为主要维度,总体刻画学生学业成就表现。依据不同水平学业成就

---

① 中华人民共和国教育部:《普通高中语文课程标准(2017年版2020年修订)》,人民教育出版社,2020年。

的关键特征,学业质量标准明确将学业质量划分为不同水平,并描述了不同水平学习结果的具体表现。

语文学科学业质量水平一共分为五个等级,每个水平内部又有四个具体要求。水平一和水平二是必修课程学习的要求,水平三和水平四是选择性必修课程学习的要求,水平五是选修课程学习的要求。需要注意的是,水平二是语文学科高中学业水平考试的依据,水平四是高校招生录取的依据,水平五则是为对语文课程更有兴趣的学生所设的较高要求,修习情况可供高校或用人单位参考。

语文学科学业质量标准的提出,增强了语文测试的可操作性,并明确了与高考的联系,使其更好地适应新课程、新考试在新形势下的需要。

2.特点梳理

学科核心素养是学科育人价值的集中体现,是学生通过学科学习而逐步形成的正确价值观念、必备品格和关键能力。语文学科核心素养是学生在积极的语言实践活动中积累与构建起来,并在真实的语言运用情境中表现出来的语言能力及其品质;是学生在语文学习中获得的语言知识与语言能力,思维方法与思维品质,情感、态度与价值观的综合体现。主要包括“语言建构与运用”“思维发展与提升”“审美鉴赏与创造”“文化传承与理解”四个方面。(图1-8)

图1-8 语文核心素养框架结构

　　语文学科核心素养的四个方面是一个整体。语言是重要的交际工具，也是重要的思维工具；语言的发展与思维的发展相互依存，相辅相成。语言文字是文化的载体，又是文化的重要组成部分；学习语言文字的过程也是文化获得的过程。语言文字作品是人类重要的审美对象，语文学习也是学生审美能力和审美品质发展的重要途径。语言建构与运用是语文学科核心素养的基础，在语文课程中，学生的思维发展与提升、审美鉴赏与创造、文化传承与理解，都是以语言的建构与运用为基础，并在学生个体言语经验发展过程中得以实现的。核心素养的四个方面，"语言建构与运用""思维发展与提升""审美鉴赏与创造""文化传承与理解"，具体梳理与描述，如图（1-9 至 1-12）所示：

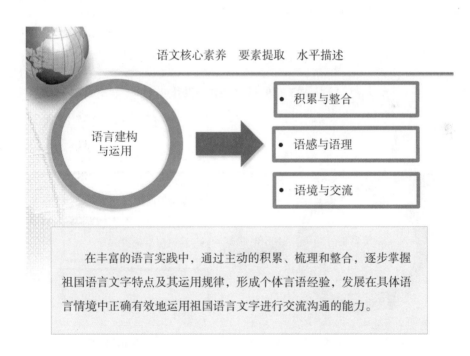

图 1-9　语言建构与运用

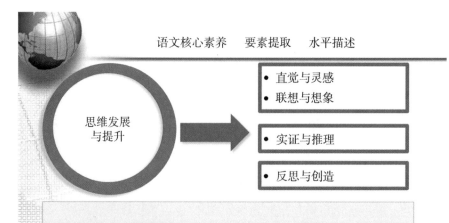

图1-10　思维发展与提升

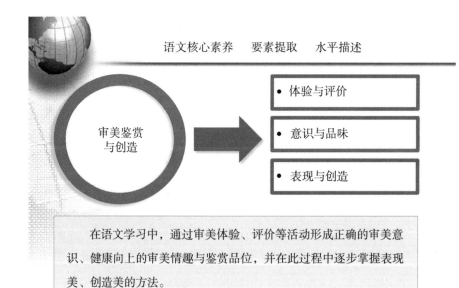

图1-11　审美鉴赏与创造

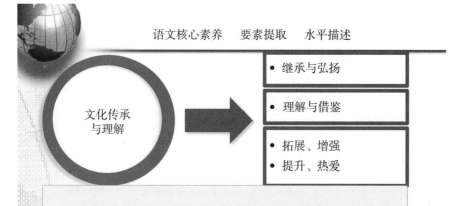

语文核心素养　　要素提取　　水平描述

- 继承与弘扬
- 理解与借鉴
- 拓展、增强
- 提升、热爱

文化传承
与理解

　　在语文学习中，继承和弘扬中华优秀传统文化、革命文化、社会主义先进文化，理解和借鉴不同民族和地区的文化，拓展文化视野，增强文化自觉，提升中国特色社会主义文化自信，热爱祖国语言文字，热爱中华文化，防止文化上的民族虚无主义。

图1-12　文化传承与理解

第三节　实施基于课程标准的
语文教育需要关注的策略建议

一、实施策略

1. 比较两版课标的实施建议

表1-10　比较两版课标的实施建议

版本	具体内容
2003 年版	一、教学建议 （一）全面发挥语文课程的功能,促进学生素质的整体提高 （二）针对高中语文课程的特点实施教学 （三）积极倡导自主、合作、探究的学习方式 （四）教师和语文课程同步发展 （五）关于必修课程的教学 　　选修课的教学,要按照课程目标制订计划,不能因其设置灵活而凌乱随意、漫无计划,也不能因其拓展性要求而片面追求新奇深奥,脱离课程目标和学生实际 二、评价建议 （一）评价的基本原则 　　1.评价的根本目的是促进学生语文素养的全面提高 　　2.评价应以课程目标为基准,面向全体学生 　　3.评价应充分发挥诊断、激励和发展的功能 　　4.提倡评价主体多元化 　　5.评价应注意必修课和选修课的联系与区别 　　6.评价应根据不同的情况综合采用不同的方式 （二）必修课程的评价 （三）选修课程的评价 三、教科书编写建议 四、课程资源的利用与开发

续表

版本	具体内容
2017 年版	一、教学与评价建议 **（一）教学建议** 1.发挥语文课程的独特功能,促进学生语文学科核心素养全面发展 2.充分理解学习任务群的特点,处理好学习任务群之间的关系 3.创设综合性学习情境,开展自主、合作、探究学习 4.整体把握必修和选修课程,加强课程之间的衔接和统整 5.探索信息化背景下教与学方式的转变 6.提高课程开发和设计的能力,实现教师与课程同步发展 **（二）评价建议** 1.着眼于核心素养的整体发展 2.全面把握学习任务群的特点 3.倡导评价主体的多元化 4.选用恰当的评价方式 5.明确必修和选修课程评价的重点和联系 二、学业水平考试与高考命题建议 三、教材编写建议 四、课程资源的利用与开发 五、地方和学校实施本课程的建议

分析：

（1）在教学建议上,为了与核心素养理念和学习任务群相呼应,新版课标做了相应的调整,同时,它也提出了一些新的建议。比如:通过创设综合性学习情境,开展自主、合作、探究学习;强调探究信息化背景下的教学方式的转变;要求教师通过提高课程的开发与设计能力达到与课程共同发展的目标;

（2）在评价建议上,新版课标和旧版课标都强调评价主体的多元化、评价方式的多样化和恰当性;

（3）新版课标增加了学业水平考试与高考命题建议以及地方和学校实施本课程的建议。其中对学业水平考试与高考命题建议,主要从测试与考试目的、命题思路和框架、命题和阅卷原则三方面展开。

2.比较两版课标的附录

表 1-11　比较两版课标的附录

2003 年版	2017 年版
附录一 **关于诵读篇目和课外读物的建议** 1.关于诵读篇目的建议 关于诵读篇目提出如下建议： 先秦散文：如荀子《劝学》、庄子《逍遥游》等； 唐宋散文：如韩愈《师说》、杜牧《阿房宫赋》、苏轼《前赤壁赋》等 《诗经》：如《氓》等； 《楚辞》：如《离骚》等； 唐诗：如李白《蜀道难》、杜甫《登高》、白居易《琵琶行》、李商隐《锦瑟》等； 唐宋词：如李煜《虞美人》（春花秋月何时了）、苏轼《念奴娇》（大江东去）、辛弃疾《永遇乐》（千古江山）等； 白话诗文，由教科书编者和任课教师推荐。 2.关于课外读物的建议 课外读物包括适合高中学生阅读的各类图书和报刊。对此提出如下建议： 文化经典著作，如《论语》《孟子》《庄子》等； 小说：如罗贯中《三国演义》、曹雪芹《红楼梦》、鲁迅《呐喊》、茅盾《子夜》、巴金《家》、沈从文《边城》、塞万提斯《堂·吉诃德》、雨果《巴黎圣母院》、巴尔扎克《欧也妮·葛朗台》、狄更斯《匹克威克外传》、列夫·托尔斯泰《复活》、海明威《老人与海》、莫泊桑短篇小说、契诃夫短篇小说、欧·亨利短篇小说等； 诗歌散文：如郭沫若《女神》、普希金诗、泰戈尔诗、	**附录1　古诗文背诵推荐篇目** **文言文（32 篇）** （一）必修（10 篇） 1.《论语》十二章（"人而不仁""朝闻道""君子喻于义""见贤思齐焉""质胜文则野""士不可不弘毅""譬如为山""知者不惑""有一言而可以终身行之者乎""小子何莫学夫《诗》""君子食无求饱""克己复礼为仁"） 2. 劝学（学不可以已……用心躁也）《荀子》 3. 屈原列传（屈平疾王听之不聪也……虽与日月争光可也）司马迁 4. 谏太宗十思疏 魏徵 5. 师说 韩愈 6. 阿房宫赋 杜牧 7. 六国论 苏洵 8. 答司马谏议书 王安石 9. 赤壁赋 苏轼 10. 项脊轩志 归有光 （二）选择性必修（10 篇） 11. 子路、曾晳、冉有、公西华侍坐《论语》 12. 报任安书（古者富贵而名摩

2003 年版	2017 年版
鲁迅杂文、朱自清散文等； 　　剧本：如王实甫《西厢记》、曹禺《雷雨》、老舍《茶馆》、莎士比亚《哈姆莱特》等； 　　语言文学理论著作：如吕叔湘《语文常谈》、朱光潜《谈美书简》、爱克曼《歌德谈话录》等； 　　当代文学作品，建议教师从近年来发表的各类中外优秀作品中选择推荐； 　　科学与人文方面的各类读物可由语文教师和各有关学科教师商议推荐。 **附录二** **选修课程举例** 　　选修课程，要根据本校的课程资源和学生的需求，按照课程目标，逐步加以建设。 　　选修课的内容和实施方式，可以是多方面内容的综合，如"中国古代诗歌散文选读""中外小说名作选读"，这样的课程有利于使课内的学习扩展、延伸到课外，学生在课内学到某一作者著作的选篇，产生了强烈的兴趣和进一步了解作者全部著作的愿望，课外多方搜集，系统学习；也可以选择一本书或某一个时期、某一位作者的著作，指导学生用多种方法、多角度地阅读与探究。学生在一段时间里专注地读好一两本书，会终身受益。 　　有的选修课，其内容实践性很强，可以到生活实践中学习，理论与实践相联系。如"新闻与传记""语言文字应用""文化论著研读"系列课程的学习，应引导学生关注国内外重大事件和社会热点问题，注意观察生活中出现的各种语言文字现象，思考从现实中提取出来的文化问题，积极参与本地区文化建设。 　　以下所列关于选修课的设想，详略不等，目的在于提供一些思路，供建设选修课时参考。	灭……难为俗人言也）司马迁 13. 过秦论（上）贾谊 14. 礼运（大道之行也……是谓大同）《礼记》 15. 陈情表 李密 16. 归去来兮辞（并序）陶潜 17. 种树郭橐驼传 柳宗元 18. 五代史伶官传序 欧阳修 19. 石钟山记 苏轼 20. 登泰山记 姚鼐 （三）选修（12 篇） 21.《老子》八章（第八章"上善若水"；第十二章"五色令人目盲"；第十五章"古之善为士者"；第二十二章"曲则全"；第二十四章"跂者不立"；第二十七章"善行无辙迹"；第三十三章"知人者智"；第八十一章"信言不美"） 22. 季氏将伐颛臾《论语》 23. 大学（古之欲明明德于天下者……壹是皆以修身为本）《礼记》 24. 中庸（喜怒哀乐之未发……万物育焉；博学之……人十能之，己千之）《礼记》 25.《孟子》一则（敢同夫子恶乎长……则不能也） 26. 逍遥游（惠子谓庄子曰……则夫子犹有蓬之心也夫）《庄子》 27. 谏逐客书 李斯 28. 兰亭集序 王羲之

聚焦·新起点

——核心素养导向下的语文教学育人模式变革

2003 年版	2017 年版
课程举例一：唐诗选读 选读唐代不同时期（初唐、盛唐、中唐、晚唐）重要诗歌流派和诗人的代表作品，联系当时的时代背景和社会环境，理解作品的思想感情内涵，了解作品的价值取向，领略作品所反映的时代精神，认识唐代诗歌创作的杰出成就，培养热爱中华优秀文化的民族自豪感。 在鉴赏的过程中要具有强烈的自主意识，激发浓厚的鉴赏兴趣，充分展开联想和想象，对作品进行多元的开放性的解读，对作品的意蕴力求有新的发现；学习用历史眼光和现代观念审视作品，就思想内容或艺术特色的某一方面作出富有创意和个性的评述。 加强诵读涵泳，在诵读涵泳中感受作品的意境和形象，获得情感的体验、心灵的共鸣和精神的陶冶。在整体感知的基础上，学习从创意和构思、意境和意象、语言技巧等方面对唐诗作品进行赏析，感悟作品的艺术魅力，获得丰富的审美感受。运用诗词格律知识鉴赏唐诗作品。背诵一定数量的优秀唐诗作品。 可以把若干具有相同因素的唐诗组编在一起，进行专题性阅读鉴赏。从书刊、网络等渠道搜集有关的历史文化知识和作品评论资料，帮助阅读鉴赏；组织学生诗社等业余社团，开展专题研究活动；依托本地自然、人文资源，围绕所读的唐诗作品组织游览、考察活动；利用多媒体技术帮助感受和理解作品。 类似课程，如宋词选读、杜甫诗歌选读、东坡词选读等。 **课程举例二：中外戏剧选读** 选读、观摩若干中外戏剧（包括影视剧）的经典作品，可以是篇幅短小的独幕剧，也可以是一部剧本的节选。了解作品所反映的历史现象、社会生活和人生百态，丰富、深化对历史、社会和人生的认识。正确理解	29.滕王阁序 王勃 30.黄冈竹楼记 王禹偁 31.上枢密韩太尉书 苏辙 32.古代文论选段 （1）毛诗序（诗者，志之所之也……不知手之舞之足之蹈之也） （2）典论·论文（盖文章，经国之大业……而声名自传子后）曹丕 （3）诗品序（若乃春风春鸟……故曰："《诗》可以群，可以怨。"）钟嵘 （4）与元九书（感人心者……华声，实义）白居易 （5）题画（江馆清秋……独画云乎哉）郑燮 （6）人间词话（词以境界为最上……自有名句；境非独谓景物也……否则谓之无境界；古今之成大事业、大学问者……恐为晏欧诸公所不许也）王国维 **诗词曲（40 首）** 1.静女《诗经》 2.无衣《诗经》 3.离骚（帝高阳之苗裔兮……来吾道夫先路）屈原 4.涉江采芙蓉《古诗十九首》 5.短歌行 曹操 6.归园田居（其一）陶潜 7.拟行路难（其四）鲍照 8.春江花月夜 张若虚

续表

2003 年版	2017 年版
中外戏剧作品表现出来的价值判断和审美取向,从中吸取思想和艺术的营养,提升艺术欣赏品位,丰富精神生活。 　　了解中外戏剧的基础知识和相关的文化常识,了解有代表性的作家、作品的有关情况。学习欣赏中外戏剧的基本方法,学习解读戏剧作品,对戏剧作品具有欣赏兴趣和初步的鉴赏能力。 　　结合鉴赏中国古典戏剧作品,培养对传统戏曲和地方戏曲的兴趣,领略民族文化的独特魅力,加深对传统文化的了解。 　　对感兴趣的中外戏剧作品进行专题研究或比较研究,开展戏剧评论。组织观看传统剧目的演出,请有关专家和演员作专题讲座,帮助理解戏剧的内容和艺术特色。举行阅读报告会、作品讨论会、戏曲演唱会等,以形象生动的形式提高学习戏剧的效果。 　　**课程举例三:中外小说戏剧名著精读** 　　专选中外小说与戏剧的单部经典名著,用精读的方法进行鉴赏和专题研讨。中国古代小说如《三国演义》《水浒传》《西游记》《红楼梦》《儒林外史》《聊斋志异》等,古代戏剧名著如《窦娥冤》《西厢记》《琵琶记》《牡丹亭》《桃花扇》等,中国现代小说如鲁迅、茅盾、巴金、沈从文的作品,现代戏剧名著如田汉、老舍、曹禺的作品,外国小说如塞万提斯、雨果、巴尔扎克、列夫·托尔斯泰、卡夫卡的作品,戏剧名著如莎士比亚、果戈理、莫里哀的作品。 　　**课程举例四:新闻通讯的阅读与写作** 　　指导学生阅读新闻、通讯作品,学会迅速、准确地捕捉基本信息,并能综合其他相关知识,就所涉及的事件和观点,文本的写作意图和实效,作出自己的评判。增强关注社会发展的意识,培养对时事的敏感,能及时	9. 山居秋暝 王维 10. 蜀道难 李白 11. 梦游天姥吟留别 李白 12. 将进酒 李白 13. 燕歌行 高适 14. 蜀相 杜甫 15. 客至 杜甫 16. 登高 杜甫 17. 登岳阳楼 杜甫 18. 琵琶行(并序) 白居易 19. 李凭箜篌引 李贺 20. 菩萨蛮(小山重叠金明灭) 温庭筠 21. 锦瑟 李商隐 22. 虞美人(春江秋月何时了) 李煜 23. 望海潮(东南形胜) 柳永 24. 桂枝香·金陵怀古 王安石 25. 江城子·乙卯正月二十日夜记梦 苏轼 26. 念奴娇·赤壁怀古 苏轼 27. 登快阁 黄庭坚 28. 鹊桥仙(纤云弄巧)秦观 29. 苏幕遮(燎沉香)周邦彦 30. 声声慢(寻寻觅觅)李清照 31. 书愤 陆游 32. 临安春雨初霁 陆游 33. 念奴娇·过洞庭 张孝祥 34. 永遇乐·京口北固亭怀古 辛弃疾

2003 年版	2017 年版
发现相关事件、人物的社会意义和影响。 　　阅读典范的新闻、通讯(含特写、报告文学)作品,了解新闻、通讯作品的内容要素和结构特点,分析观点与所报道的事实之间的关系,辨析其表达方式和表达效果。知道搜集与处理素材的一般要求,学习写作新闻、通讯。组织采访小组,通过实地察访、个别访谈、开座谈会等调查方法,搜集第一手和第二手资料(包括统计数据和个案),根据表现主旨的需要,对素材加以筛选,使用最具典型性的材料,进行报道和分析。 　　类似课程,如采访与编辑等。 　　**课程举例五:传记选读** 　　阅读人物传记,在了解时代和社会背景的基础上,分析各种因素对传主成长历程的影响;认识传主对人类物质文明和精神文明发展所产生的正面作用或负面影响,评价其功过得失;了解传主的人生轨迹和内心感情世界,丰富自己的人生经验,获得有益的启示。 　　能把握作品中具有典型意义的事件细节,理解作者对传主及有关事实所作的评价,并形成自己的思考和判断。认识传记的基本特性和功用,注重作品材料的可靠性与真实性,分析作品在事件叙述、人物描写和语言表达等方面的特色。 　　可以比较阅读不同作家关于同一传主的传记作品,或者同一作家对不同传主的传记作品;也可以将相关题材的影视片,与传记作品进行比较,对不同作品作出评论。 　　在阅读中,了解传记作者的基本观点,结合自己的阅读感受作出评价;通过阅读,大体掌握传记写作中选择和组织材料的方法;体会传记褒贬鲜明、文采斐然的语言特色,吸收有用的语言表达方式。同时注意引导学生在阅读传记的同时,适当参考阅读相关作品进行	35. 菩萨蛮·书江西造口壁 辛弃疾 36. 青玉案·元夕 辛弃疾 37. 贺新郎(国脉微如缕)刘克庄 38. 扬州慢(淮左名都)姜夔 39. 长亭送别(【正宫】【端正好】)王实甫 40. 朝天子·咏喇叭 王磐 　　**附录 2　关于课内外读物的建议** 　　高中阶段要求学生在课内外加强阅读,培养阅读的兴趣和习惯,提升阅读品位,掌握阅读方法,提高阅读能力,让学生在阅读中拓宽视野,领略人类社会气象与文化,体验中华优秀传统文化、革命文化和社会主义先进文化,提高语言文字运用能力与思想文化修养,丰富精神世界。 　　下列篇目仅为举例。这些内容,既可以作为"整本书阅读与研讨""文学阅读与写作""中国现当代作家作品研习""中华传统文化经典研习""外国作家作品研习"等学习任务群的备选,也可以推荐学生在课外阅读。 　　文化经典著作,如《论语》《孟子》《老子》《庄子》《史记》等。 　　诗歌,如毛泽东诗词,郭沫若、戴望舒、艾青、臧克家、贺敬之、郭小

2003 年版	2017 年版
比较阅读,并结合传记阅读,介绍有关的文化背景,观看相关的影视作品,举办读书报告会、讨论会等活动。特别建议选取体现时代特点,贴近学生生活的传记文学来让学生阅读,并结合教学,鼓励学生尝试写小传。 **课程举例六：语言文字专题** 　引导学生认识语言文字在社会沟通、信息交流过程中的重要作用,学习现代汉语和文言文的基础知识,练习对语言材料进行分析和归纳,梳理有关语言文字结构和运用的规则,提高理性认识能力和实际运用能力。 　可以设置文字、语法、修辞、逻辑、普通话与方言等方面的专题,阅读相关论著,了解基本的知识、原理和方法,联系实际问题进行探究。关注学校和社会生活中的语言现象,尝试运用所学的知识作出分析解释。例如根据语音、词汇、语法知识,对说普通话时出现的一些错误能够识别并学会纠正。了解生活区域内方言的情况,分析当地人学说普通话的主要障碍和解决对策。也可以针对一两个专门领域(如司法、商务、传媒等领域)的语言使用情况进行调查研究,尝试分析其风格和特征。 　类似课程,如汉字专题、语法专题、修辞专题、逻辑专题、普通话与方言等。 **课程举例七：演讲与辩论** 　讨论若干典型的演讲、辩论案例,从多方面进行分析研究,总结其经验和教训,从中获得启示。观摩演讲、辩论活动,感受在演讲、辩论过程中表现出来的机智与艺术。分析演讲者、辩论者的文化修养、思想深度、应对策略、语言技巧、神态风度等,观察听众的反应,了解演讲者、辩论者表达的效果。 　引导学生平时加强积累,扩大知识面,熟悉一些典	川等的作品;海涅、普希金、惠特曼、泰戈尔等的作品。 　小说,如罗贯中《三国演义》、曹雪芹《红楼梦》、吴敬梓《儒林外史》、鲁迅《呐喊》和《彷徨》、茅盾《子夜》、巴金《家》、老舍《四世同堂》、沈从文《边城》、周立波《暴风骤雨》、路遥《平凡的世界》;塞万提斯《堂吉诃德》、雨果《悲惨世界》、巴尔扎克《欧也妮·葛朗台》、狄更斯《大卫·科波菲尔》、列夫·托尔斯泰《战争与和平》、罗曼·罗兰《约翰·克里斯朵夫》、海明威《老人与海》、莫泊桑短篇小说、契诃夫短篇小说、欧·亨利短篇小说等。 　散文,如鲁迅杂文、朱自清散文、叶圣陶散文等。 　剧本,如关汉卿《窦娥冤》、王实甫《西厢记》、汤显祖《牡丹亭》、郭沫若《屈原》、曹禺《雷雨》、老舍《茶馆》、莎士比亚《哈姆雷特》等。 　语言文学理论著作,如吕叔湘《语文常谈》、朱光潜《谈美书简》、爱克曼《歌德谈话录》等。 　当代文学作品,包括反映中国革命与社会主义先进文化的作品,建议教师从各类中外优秀作品中选择推荐。 　科学与人文方面的各类读物可

2003 年版	2017 年版
范的演讲、辩论案例;提高思想文化修养,增强观察事物的敏锐性和思考问题的深刻性。设计丰富多彩的活动,指导学生在每一次活动前做好充分准备,通过反复实践,丰富临场经验,提高语言艺术水平和随机应变能力。	由语文教师和各有关学科教师商议推荐。

课程举例八:先秦诸子论著选读

先秦时期是我国思想文化取得辉煌成就的时期,出现了许多学派,他们的论著代表着中华文化精神,对后世发生了极其深远的影响。开设《先秦诸子论著选读》课程,对继承和发扬我国优秀文化遗产,体会中华文化的博大精深、源远流长,提高学生的思想道德修养,形成积极健康的人生观和价值观,培养好学深思的探究态度,具有十分重要的意义。

本课程可选择先秦诸子各学派代表人物(如孔子、孟子、墨子、老子、庄子、荀子、韩非子)有代表性的文章或片段,进行阅读探究。在此基础上,还可以结合有关阅读内容,形成若干专题,如:"孔子论学""孟子论义与利""《老子》中的矛盾观""《庄子》中的譬喻"等。

课程举例九:《人间词话》选读

王国维的《人间词话》是重要的近代文艺美学论著,也是古代诗词曲鉴赏的典范之作。通读全书,了解基本内容,初步领悟王国维词学、美学理论的民族特色,以及它所接受的外来影响。

阅读《人间词话》,宜侧重从作品鉴赏的角度领会其基本理论观点,对书中涉及的古代诗词曲作品有所接触和感知,并用来帮助对王氏理论观点的了解。根据自己对书中所涉及作品的熟悉程度,自主选择精读若干则词话,或围绕几个专题,有重点地加以研读,运用某一理论观点(如"有我之境"与"无我之境","造境"与"写境","诗人之境界"与"常人之境界",以及情

2003 年版	2017 年版
与景、隔与不隔、自然与雕琢、雅与俗、人与出)，帮助欣赏诗词曲作品，提高运用理论观点鉴赏评价作品的能力。不求面面俱到，一些比较偏僻的知识和比较艰深的内容可以从略。 **课程举例十：《歌德谈话录》选读** 　　歌德友人爱克曼整理的《歌德谈话录》一书，记录了德国近代最伟大的文学家之一歌德的重要思想和文艺理论观点，是世界文学的杰出成果。高中学生阅读此书，可以接触外国优秀文学传统，培养尊重多元文化的态度，拓宽文化视野，提高文艺理论修养。歌德的不少见解在今天仍有重要借鉴意义，当然也有其历史局限，要使学生对此能有初步的认识和评价。 　　在通读全书、大体了解基本内容的基础上，可以尝试对书中涉及的文化或文学问题进行归类，如：文学与时代、文学与民族、文学与自然、文学与现实、文学与人生、文学与作家人格、个别与一般、抽象思维与形象思维、文学作品的整体性、艺术创造性、美感和艺术鉴赏力、论著名作家作品(如古希腊戏剧、莎士比亚、席勒、拜伦、莫扎特、拉斐尔)等。联系已有的阅读经验和积累的相关知识，根据自己的兴趣和熟悉程度，选择若干专题进行探究，结合了解歌德和本书产生的时代背景，理解其主要观点和内涵，扩展到对其他文化和文学问题的思考，提出自己的见解。 　　如有兴趣和可能，可结合阅读歌德传记和他的代表作品(如《少年维特之烦恼》《浮士德》)，以帮助对有关观点的理解。对书中提及的重要文学艺术家的传世作品，也可从各种途径搜索品赏，用以印证歌德的相关观点，或据以提出不同看法。 **课程举例十一：中华文化寻根** 　　通过古代文化知识的学习，感受中华文化的辉煌	

2003 年版	2017 年版
多姿和源远流长,以激发爱国情怀和文化寻根的兴趣。积累历史文化知识,增加文化底蕴,并融会贯通于语文学习的全过程。关心并学习调查自己身边的文化现象,探求其历史根源和演变轨迹,讨论传统文化对现代社会以及社会发展的影响。 　　本课程可选择的内容专题,可包括民族、氏族、宗教、婚姻、家庭、姓氏,天文、地理、历法、纪时、风俗、艺术、文教、汉字、文献,衣、食、住、行、用等。不追求内容上的面面俱到,可以选择若干古代文化专题作为教学的切入点。通过若干专题的学习,激发学生的兴趣,在自主学习中扩大古代文化的知识面。 　　教学方法上既要给学生介绍古代文化知识,也要引导学生关注现今文化现象,探求其历史源流,使学生学会搜集材料、调查分析,说明和讨论传统文化现象的社会影响。可根据本地区历史、民俗、文物、古迹等文化资源,设计专题内容,因地制宜地引导学生做调查研究。 　　**课程举例十二:社区文化专题** 　　培养社会参与意识,关注当代文化生活,在城市或农村展开社区文化的调查,搜集整理材料,对社区中市民或村民的生活方式、风俗习惯、思想观念、文化演变等进行分析讨论。在有关部门的领导下,采用多种形式,开展文化交流和社区文化建设活动,积极传播先进文化,提高参与文化建设的自觉性和语文综合应用能力。 　　注意调查访问与书面学习相结合,现状调查与比较研究相结合,分析研究与参与传播建设相结合。阅读有关书籍,了解关于文化及社区文化的知识和资料;通过观察、访谈、问卷调查、开座谈会等方式,向社区干部、中小学生、市民或村民等进行调查,整理分析资料,	

续表

2003 年版	2017 年版
写成调查报告、社区建设的建议书等。 　类似课程,如民俗文化专题、旅游文化专题、流行文化专题、大众传媒专题、网络文化专题等。	

资料来源:以上附录内容均来自《普通高中语文课程标准》(实验)和《普通高中语文课程标准》(2017 年版 2020 年修订)

分析:

(1)新版课标突出强调对中华优秀传统文化的继承和发扬,在附录部分具体体现在:旧版的基础之上把古诗文背诵推荐篇目增加至 72 篇,在课内外读物的建议中,也强调文化经典著作、古代小说、古代剧本等的阅读;

(2)新版课标在课内外读物的建议中加入了革命文化、社会主义先进文化的作品,语言文字理论著作,极大地丰富了阅读内容,为学生课内外阅读提供了较大的选择。

3. 策略关键

基于课程标准的语文教育,如何培育学生的核心素养,开发出符合个人发展与社会发展需要的核心素养清单,可以有助于解决"培养什么人"的问题,而解决"怎样培养人"即"如何培养学生的核心素养"同样值得思考。为此,笔者提出培育策略的有关要素和关键(见表 1－12),并以近代著名爱国教育家张伯苓《以社会之进步为教育之目的》(见扩展阅读 1)中提出的"而今教育之最要目的,在谋全社会的进步",作为育人素养"怎样培养""如何培养"的一种研究视角,用以引起思考。

表 1－12　策略关键

要素类别	策略关键
(1)课程	围绕核心素养开发课程体系
(2)教学	围绕核心素养改进教学方法

续表

要素类别	策略关键
(3)教师	提升教师素质是培育学生核心素养的关键
(4)评价	通过评价推进学生核心素养培育。就我国而言,评价重点需要由分科知识的评价转向基于核心素养领域的评价,评价方法技术则要求多元化。

扩展阅读1——

张伯苓:以社会之进步为教育之目的①

社会乃个人联合而成者,若社会不进,则居此间之个人亦绝难长进。是以个人强,可以助社会长;社会长,亦可以助个人强。是二者当相提并论,不容偏重者。

开学之始,曾以活、动、长、进四字相勉。而今合起来论此四字,不过单就个人的长进而言。

夫教育目的不能仅在个人。当日多在造成个人为圣为贤,而今教育之最要目的,在谋全社会的进步。

诸生当听过进化诸说。下等动物长为高等动物,高等动物进而为人。人再长又分为二项,一为心理的长进,Psychologically,一为社会的或合群的长进 Sociologically。

人同人组合起来,其效用能力之大,自非一人可比。现在世界何国最强?其原因何在?一至其国便可了然。其最大的原因就是比我们齐,亦如一家哥们兄弟均不相下。若一家只仗一人,则相差太多。社会国家同是一理。所以,近来教育家不仅注重个人长进,并注重社会的长进。Social end 不仅在心理的长进,而在多数人的齐进。因为社会乃个人联合而成者,若社会不进,则居此

---

① 王文俊主编:《张伯苓教育言论选集》,南开大学出版社,1984 年。

间之个人亦绝难长进。是以个人强，可以助社会长；社会长，亦可以助个人强。是二者当相提并论，不容偏重者。

现在西洋人对于教育青年，均使之有一种社会的自觉心 Social consciousness，而吾国多数人尚未脱家族观念，遇公共事则淡然视之。予前去北京，于车中见有以免票私相售受者，何其不知公共心一至于是耶？彼以铁路为公家者，但能自己得利，则虽损坏公共利益，亦无所顾忌，而旁坐诸人，亦以此非自己之事，故不过问，亦不关心，若此情形，实为社会流毒 Social Evils。细考京奉、津浦各路间，此类事殊不少见，似此流毒究竟责在谁人？吾以为虽有强政府，有能力之总统，严厉之法律，有组织之路局，亦不能铲除净尽也！惟有国民社会的自觉心可制此毒。舆论力攻，众目不容，以此对于公共事业之非理举动，即对吾等个个人之举动，有伤于吾个个之权利，则若斯流毒，无待总统法律，自然消灭于无形。国民社会自觉心，诚有不可及之效力。

在京见美国公使，谓国人近来能得钱者，发财后多退入租界，是诚可耻之事，而舆论亦不攻击，甚有争相仿效，以不及为可辱者，真是怪事。而予窃不为怪，因其所以如是者无他，国民的社会自觉心，Social Consciousness 未长起来耳。

今者时间有限，姑不多论。即就所以长进社会自觉心，而能谋全社会进步的方法上着想，则须于改换普通道德标准上有所商榷。

若不骂人、不偷、不怒、不慌、不得罪于人等事，先时多谓此为道德很高，然而此为消极的，于今不能谓此为道德。盖彼者，不过无疵而已，于社会虽有若无。今因于社会进步上着想，吾等当另定道德标准，谓"凡人能于社会公共事业，尽力愈大者，其道德愈高。否则，无道德可言。易言之，即凡于社会上有效劳之能力者，Social effeciency 则有道德。否则无道德。"若斯数语，包含无限道理。愿诸生用为量人量己之尺，相染成风，使社会上渐渐均用此尺，度己亦用此尺，量入则去，所谓社会自觉心，社会进步者不远矣。

然而徒知此理，于社会毫无所用。先时教育多尚空谈，殊觉无用，若无实习,恐且有害。美国某教育博士会谈笑话,谓有函授学堂教人泅泳,学者毕业后投身水中,实行泅泳,竟至溺死。此喻仅知理论而无实验之害,诚足警人。诸生欲按此尺而为道德高尚之人,幸勿仅求理论,更当于己身所在之社会,实在有所效用。于此先小作练习,至大社会时,自然游刃有余。所谓己身所在之社会,对诸生言,如班、如会、如校、如各种组织均是。予此二次所言者,即教育着重个人的长进,更须着重社会的进步。(一九一九年二月十二日,在修身班讲演纪要)

二、方法建议

在方法建议方面,实施基于新课程标准的教育,一者在于能力培养,即由重视分数转向重视创新能力的培养,强调培养学生的"社会责任感、创新精神和实践能力",三者中"创新"又被特别强调。二者在于方式方法的转变——需要转变教学路径,需要核心素养具体化,需要转变教学方式。具体而言,在转变教学路径方面,可以尝试以下三种模式,即:记忆→思维(反思);考分→创新→奇思妙想(与众不同);知识→行动→应用(问题解决)。其次,在核心素养具体化方面,需要将"素养"具体化为"培养目标"。核心素养不应该只是一个抽象的、理论性的框架,而应该具体化为可操作、可实践生成。因为核心素养不是天生的,是需要通过教育去形成与发展的,这些素养既表现出发展的连续性,也具有发展的阶段性,为了把核心素养的培育落到实处,落到不同的学段,就需要把这些素养细化为不同教育阶段的培养目标,并通过实践来养成。再次,在转变教学方式方面,需在自主、探究、合作的过程中不断激发学习者兴趣。通过数据调查,研究者发现教学方式对于学习方式产生深刻影响。在教学方式中,比照单纯的讲授,发现式的教学方式可以引导学生在自主、探究、合作的过程中,让学生学会如何进行有效的发现学习、合作学习、自主学习,其影响表现突出且显著。因此,需要倡导启发式、探究式、讨论式、参与式教学,激发学生的好奇心。同时,在教育的过程中,可以充分运用"期待效应"(扩展阅读2),通过"暗示""鼓励"等方式方法,在培养学生信心、健康心理、培育兴趣爱好的过程中,营造独立思考、自由探索、勇于创新的良好环境,在优化教与学的方式的过程中,努力构建"快乐—平等—尊重—宽容—思考"的课堂价值链。同时,部编教材主编温儒敏提出"关于语文教学的24条建议"(扩展阅读3),指导性强,语文教师可在教与学的过程中思考体悟、尝试开展,在建议中寻求方法,不断领悟育人要义。

扩展阅读2——

教育引入皮格马利翁效应

什么是皮格马利翁效应?

皮格马利翁效应(Pygmalion Effect),也有译"毕马龙效应""比马龙效应""罗森塔尔效应"或"期待效应"。

古希腊的塞浦路斯住着一位年轻的王子,叫皮格马利翁。皮格马利翁酷爱艺术,尤其擅长雕塑。他用神奇的技艺雕刻了一座美丽的象牙少女像,在夜以继日的工作中,皮格马利翁把全部的精力、全部的热情、全部的爱恋都赋予了这座雕像。因为雕刻得太好了,美丽动人,皮格马利翁在雕刻完成之后一下子就爱上了这个没有生命的石像女子,为她起名加拉泰亚。

皮格马利翁爱不释手,他像对待自己的妻子那样抚爱她,装扮她,日复一日地陪伴、凝视、观赏、期望与等待,爱神阿芙洛狄忒被他打动,赐予雕像生命,并让他们结为夫妻。

美国著名心理学家罗森塔尔和雅格布森在原神话的基础上,进行了一项有趣的研究。

1968年的一天,美国心理学家罗森塔尔和助手们来到一所小学,说要进行7项实验。他们从一至六年级各选了3个班,对这18个班的学生进行了"未来发展趋势测验"。之后,罗森塔尔以赞许的口吻将一份"最有发展前途者"的名单交给了校长和相关老师,并叮嘱他们务必要保密,以免影响实验的正确性。其实,罗森塔尔撒了一个"权威性谎言",因为名单上的学生是随便挑选出来的。8个月后,罗森塔尔和助手们对那18个班的学生进行复试,结果奇迹出现了:凡是上了名单的学生,成绩都有了较大的进步,且性格活泼开朗,自信心强,求知欲旺盛,更乐于和别人打交道。显然,罗森塔尔的"权威性谎言"发挥了作用。这个谎言对老师产生了暗示,左右了老师对名单上的学生的能力的评价,而老师又将自己的这一心理活动通过自己的情感、语言和行为传染给学生,使学生变得更加自尊、自爱、自信、自强,从而使各方面得到了异乎寻常的进步。后来,罗森塔尔把像这种由他人(特别是像老师和家长这样的"权威他人")的期望和热爱,而使人们的行为发生与期望趋于一致的变化的情况命名为"皮格马利翁效应"。因为是罗森塔尔提出实验验证的,又称之为"罗森塔尔效应"。

皮格马利翁的故事和罗森塔尔的实验中揭示了:期望和赞美能产生奇迹。强烈的期望往往能促使期望的事物实现。在社会生活、教育及组织管理中这一效应被广泛应用:鼓励与赞美可使人激发潜能,甚至使能力较弱者取得显著进步;相反,批评与谩骂则可能抑制人的发展,使天赋优异者表现平平。

扩展阅读3——

部编教材主编温儒敏:关于语文教学的24条建议[①]

01.语文或者中文学科,是所有学科中最基础的学科。正如数学家、原复旦校长苏步青所说,如果数学是学习自然科学的基础,语文则是基础的基础。语文学科的目标不光是提升语言运用的能力,还担负着思维能力、审美能力培养和文化传承的使命。

02.语文的功能,不光是提高读写能力,最基本的是培养读书的习惯。

03.深文是可以"浅讲"的。如果某一篇课文对多数学生的确太深,那么要求不妨就低一点。不要所有课文都细嚼慢咽,生怕留下哪些不懂。全都扣得那么精细,阅读量肯定上不去,语文素养也就无从谈起。

04.就语文而言,(平衡应试需要和开放教学的)办法就是鼓励多读书,别死抠教材教辅。阅读面宽了,视野开阔了,考试成绩不会差,而素质也会提升

---

① 《部编教材主编温儒敏:关于语文教学的24条建议》,《师资建设》2018年第5期。

上去。有水平的老师是懂得平衡的,而没有水平的老师只会偏向应试。

05.教育者的责任就是想办法让孩子们读一点经典,可以用孩子们能够理解的方式去读,获取对人类精神文明的尊严,学会向善和担当,不要过早陷于时尚的、物欲的泥淖。在这个浮泛的时代,这是一件很难的事情,但必须有人去做。

06.为什么应试教育走不出来,不能怪教育本身,这和社会的紧张程度和焦虑感有关。大家总在说优质教育资源太少,实际上是优质教育资源永远是少数。竞争如此激烈,家长如此紧张,应试教育很难抑制。面对这样的现实,我们在方法上做点改进,希望能有些平衡。既让学生考得好,又不把脑子搞死,那才叫水平。

07.改善(应试教育)的办法是提高命题的水平,有一部分题是可以容许不同发挥的,不要标准答案。教学中应当加强思维训练,特别是批判性思维。通过"语用"的学习把思维能力带起来。这是我们语文教学的弱项。

08.要防止教学中过多"活动",把读书当作活动的"支架材料"。最重要的还是读经典,读基本的书。

09.在小学初中阶段养成读书的爱好与习惯,那么也就可能打好一生发展的底子。

10.比如有个老观念:好读书不求甚解。要求学生读书别马虎,要认真,是必需的。但在阅读兴趣培养上,有时也应该允许读得快点,挑有兴趣的读,可以"不求甚解"。还有个观念:不动笔墨不看书。要求孩子凡是读书就写笔记,要学怎么写作,这也是煞风景的。孩子也应当有他们的自由阅读。

11.没有课外阅读,那语文教学就只是"半截子"的。新编语文教材主张读书为主,读书为要。抓住这条,就可能化繁为简。语文江湖很大,有各种流派,你提出某种观点,挑刺都会很多,但还是要抓住读书这个本质。

12.要让学生对读书对语文课有兴趣,前提就是语文老师是"读书种子"。可惜现在许多老师都不怎么读书。即使读一点,那也是教辅、文摘、微信一类,是所谓"悦读",或者只是很功利的职业性阅读。老师不读书,怎么指望学生喜欢读书?我主张语文老师要当"读书种子",要有属于自己的自由而个性化的阅读空间。

13. 我建议把书目的提供和语文教学结合起来。语文老师可以借这个书目来做两件事。一是激发读书兴趣。你推荐了 30 本,他能够读 3 本就不错了,慢慢进入状态,唤起阅读的兴趣。怎么引起孩子们的读书兴趣?不能只是布置阅读任务,我们的语文老师还得想想办法。第二,就是读书方法。书目不只是介绍书,还提示了读的方法。对中小学生来说,阅读方法的掌握是很重要的,是基本的语文素养。

14. 我主张语文教学改革要重视精读与泛读(略读)结合,并且一定要指向课外阅读,把课堂教学引申到课外,和学生们语文生活联系起来。

15. 要教给学生读书的方法。除了精读,还有浏览、猜读、跳读、群读,等等,都是有用的,也都需要给具体方法。但是现在的语文课对此很少关注,专家也很少研究。

16. 不要每一本书都那么抠字眼,不一定全都要精读,要容许有相当部分的书是"连滚带爬"地读的,否则就很难有阅读面,也很难培养起阅读兴趣来。周国平先生讲到阅读就是最初的恋爱,恋爱搞得全都那么严肃,甚至面目可憎,那怎么可以?我说的"连滚带爬"地读,包括浏览、快读、猜读、跳读,学生可以无师自通,但有老师指导一下,甚至纳入教学,就事半功倍了。这可能是激发阅读兴趣的好办法。

17. 检讨一下,我们有些关于读书的传统的观点是不一定对的,比如"不动笔墨不看书"。在一定的情况下,比如强调读写结合,可以这样要求。但这不应当作读所有书都必须遵循的戒律,凡是读书全都要求"动笔墨",那就不切实际了。

18. 我主张加大课外阅读,鼓励"海量阅读",鼓励读一些"闲书",也就是和考试、甚至和写作并不一定"挂钩"的书;鼓励读一些"深"一点的书,可以

"似懂非懂"地读,"连滚带爬"地读。

19. 所谓"1＋X"的办法,即讲一篇课文,附加若干篇泛读或者课外阅读的文章,让学生自己读,读不懂也没关系,慢慢就弄懂了。这就是为了增加阅读量,改变全是精读精讲、而且处处指向写作的那种教学习惯。

20. 怎样教好古诗文的课? 最好的办法就是反复诵读,读得滚瓜烂熟,不用有过多的阐释,也不要太多活动,宁可多读几遍、多读几篇。

21. 古诗词教学要注重让学生感受诗词音韵之美,汉语之美,也许一时说不清美在哪里,总之是积淀下来,有所感觉了。现在有些古诗词教学过于烦琐,像外科手术,把那种"美"都给弄跑了。

22. 写作教学不能停留于教给一些技巧方法,还要教"用脑"。

23. 我特别要说说另一种课型的混淆,不管学什么文体,无论小说、散文、诗歌、童话、议论文、科技文,全都用差不多的程序和讲法。有的上诗词课,也要分析主题意义,上童话课,就和小说差不多,还是人物性格、艺术手法等。不同的文体课型应当有变化。何况课型不变化,没有节奏,总是那一套,学生能不腻味?

24. 温儒敏教授在《语文课要"减肥""消肿"》一文中曾引用梁增红老师的一段话:把注意力放在了语文课以外的各种活动上,语文课逐渐式微,买椟还珠,语文课堂教学是伴娘拐着新郎跑。繁花似锦的形式如雨后春笋,什么课前三分钟演讲,什么拓展延伸,什么课本剧表演,什么语文综合活动,吹拉弹唱进课堂,声光电齐上,"武装到牙齿",一时满目生机盎然,一派欣欣向荣。可是,妖艳无比的打扮,却没有改变语文教学令人尴尬的处境。梁老师把这些现象归纳为"外延无限延伸,内涵不断虚脱"。那什么是好课? 我认为能按下读书的悬念,播下"读书种子"的课就是好课。一堂课如能拈一朵小花,相机诱导读者发现美、审鉴美、思慕美,善莫大焉!

第四节 在语文教学过程中探究
有效研习策略

一、教学探究

1. 课程构建

(1)语文课程内容体系的构建

根据语文核心素养生成、发展、提升的需要,将语文活动、言语文本、语言运用知识三者有机结合起来,并且分别构建出三者自身的系统,整合为以素养为纲的语文课程内容体系。

以素养为纲,把语文活动作为与素养直接结合的轴心,根据需要整合言语文本和应用性知识,设计出任务群,落实课程目标。

(2)明确学业质量标准

新版课标研制了学业质量标准,对学生学习具有导向性作用。新版课标指出,学业质量是学生在完成本学科课程学习后的学业成就表现,它以本学科核心素养及其表现水平为主要维度,总体刻画学生学业成就表现。依据不同水平学业成就的关键特征,学业质量标准明确将学业质量划分为不同水平,并描述了不同水平学习结果的具体表现。

语文学科学业质量水平一共分为 5 个等级,每个水平内部又有 4 个具体要求。水平 1 和水平 2 是必修课程学习的要求,水平 3 和水平 4 是选择性必修课程学习的要求,水平 5 是选修课程学习的要求。需要注意的是,水平 2 是语文学科高中学业水平考试的依据,水平 4 是高校招生录取的依据,水平 5 则是为对语文课程更有兴趣的学生所设的较高要求,修习情况仅供参考。

语文学科学业质量标准的提出,增强了语文测试的可操作性,进一步明确和加强了与高考的联系,更好地适应了新形势下新课程、新考试的需要。

2.语文活动

语文课的内容不仅涵盖知识和文本,更重要的是语文活动。通过综合语文活动,学生利用文本、运用知识,转化为能力,凝结为素养,从而实现立德树人的目标。这与传统纯知识体系及听说读写的理念有所不同。因此,倡导开展综合语文活动,并探究有效的教学经验,是落实基于核心素养发展的语文课程标准的关键。

首先,语文课并非单纯的文学课或语言课,也非二者的简单相加。而是旨在生成、发展和提升学习者的语文素养,进而提升综合素养的重构体系,它借鉴高校科研成果的科学性,但非直接搬用高校语言文学专业的研究体系。其次,文学作品虽为语文课重要的言语文本,在选择时应以语文素养为综合标准(多元属性),避免全面照搬文学体裁和门类,以防语文文学化的倾向。再次,语言知识不是汉语语言学学科(现代汉语、古代汉语、普通语言学)体系的搬用,而应针对语文素养,以语用为中心,围绕指导健康语感和思维能力的形成构建语理体系,防止语言学教条化。

综上,以综合素养为总体目标的构建体系需要通过语文课来转化成能力,凝结为素养,其中的实施关键便是语文活动。因此,语文活动在教与学的过程中极其关键、不可或缺。教师在教学过程中,需要不断思考探究,为了学生素养的生成、发展和提升,要强调有目的、有计划地进行语文活动;学生在学习过程中,需要不断实践探究,以此将素养不断生成,实现进一步的发展和提升。同时,语文活动的实施情境也需要精心设计。语文活动既要在自然的生活情境中进行,也要针对语文课业的知识系统精心设计。语文活动实施情境既可人为设定也可在虚拟环境中进行,但须防止实用主义碎片式应用,因其无法生成能力,所得知识零散,无法举一反三。

同时,语文活动与校园文学融合相生,对增强文化自信可以产生积极作用。具体而言,语文活动与校园文学融合,在活动过程中通过开设校园文学校本课程,使校园文学适应学校教育要求,让校园文学走进课堂,彰显文化自信。例如,可立足学校,挖掘学校资源,组织文学社团;可以文学刊物为载体,以文学活动为主线,建设文学课堂;可以校本课程为基础,建设文学特长生基地,等等。通过以上方式,可多维度培养学生的文学素养,提升学生的创作与鉴赏能力,活动、比赛提供了评价机会,分享创作经验能浓郁校园创作氛围。这些语文活动有助于学生将所学转化成能力,凝结为素养,进而实现语文教育立德树人的核心目的,并促进文化自信的整体提升。

二、研习策略

1. 课标层面

(1)课标构成与具体内容

表1-13 2017年版课标构成与具体内容

2017年版课标构成	具体内容
一、课程性质与基本理念	(一)课程性质 　1.语言文字的运用的具体内容 　2.语文课程的基本特点 　3.语文课程的定位 (二)基本理念 　四项理念及具体内涵
二、学科核心素养与课程目标	(一)学科核心素养 　1.学科核心素养的概念 　2.学科核心素养的内容 (二)课程目标 　十二方面目标及具体内容
三、课程结构	(一)设计依据 (二)结构 　1.普通高中语文课程的构成 　2.必修课程、选择性必修课程、选修课程的具体学习任务群 (三)学分与选课 　三类课程的学分及学习要求

续表

2017 年版课标构成	具体内容
四、课程内容	（一）学习任务群 　18 类学习任务群的学习目标与内容以及教学提示 （二）学习要求 　1. 必修课程学习要求 　2. 选择性必修和选修课程学习要求
五、学业质量	（一）学业质量内涵 （二）学业质量水平 （三）学业质量水平与考试评价的关系
六、实施建议	（一）教学与评价建议 　1. 教学建议 　2. 评价建议 （二）学业水平考试与高考命题建议 （三）教材编写建议 （四）课程资源的利用与开发 （五）地方和学校实施本课程的建议
附　录	附录1　古诗文背诵推荐篇目 附录2　关于课内外读物的建议

（2）课标研习要点

新课标对每一模块均有细致、具体的表述,学习时需注意数字类的重点,如三类课程的学分及要求、教学建议等。学习中有关细节的研修重点,主要注意以下几个部分：

①课程性质中课程的基本特点及根本任务；

②语文课程基本理念及内涵；

③学科核心素养包括"语言建构与运用""思维发展与提升""审美鉴赏与创造""文化传承与理解"四个方面；

④高中课程结构由必修、选择性必修、选修三类课程构成,与学习任务群相挂钩,每类课程均安排7—9项学习任务群,涉及"语言积累、梳理与探究""文学阅读与写作""中华传统文化经典研习""学术论述专题研讨"等学习任务群;

⑤实施建议包括"教学与评价建议""学业水平测试与高考命题建议""教材编写建议""课程资源的利用与开发""地方和学校实施本课程的建议"五个部分,需重点把握"教学与评价建议"。

(3)课标研习整体把握方面需注意的要点

重点把握两个部分:一是语文课程基本理念;二是语文课程教学与评价建议。

(4)教学设计、案例分析类注意要点

教学设计方面,教学目标情感、态度、价值观维度加强,重点更侧重于整体把握、能力提升、核心素养的内化,教学过程需结合各个学习任务群的相关目标及要求开展,整体设计的目标指向立德树人以及学科核心素养的提升及内化。

案例分析需注意课程性质、基本理念、教学与评价建议的最新表述,并能将最新的理念运用到实际教学中。

2. 实践层面

(1)研习范围

册数的选择变多。在新版课标中,课程结构由必修、选择性必修以及选修三类课程构成,且每类课程均开设两个学期。与旧版的课标对比,会发现各类课程均衡授课,且各种类型的文章在各类课程中均会有所分布。

篇目的选择增多。新版课标修订中规定"课内阅读篇目中,中国古代优秀作品应占1/2"。将原标准"诵读篇目的建议"改为"古诗文背诵推荐篇目",推荐篇目数量也从14篇(首)增加到72篇(首)。

综上变化,在教与学的过程中,篇目的选择不要局限于目前高中阶段的必修,而是有重点有侧重地学习其他选修文章。此外文言文、诗歌是考查的重点,建议可以将此作为学习的重点,可根据新课标附录1的内容先行一步,提前准备。另外,根据附录推荐,可以阅读《论语》《孟子》《老子》《庄子》《史记》中的篇目;搜集弘扬革命精神的优秀论文与杂文,以及关于革命传统的新闻、通讯、演讲、述评等,增加知识储备,从而更好地展示学习实力。

(2)研习内容

①关注学生语文核心素养的提高

本次修订凝练了学科核心素养,即:语言建构与运用、思维发展与提升、审美鉴赏与创造、文化传承与理解。语言建构与运用是语文学科核心素养的基础,语言是重要的交际工具,要培养语言交流沟通的能力;思维发展与提升具体表现为语言的发展与思维的发展相互依存,通过语言运用,获得各种思维方面的发展以及思维品质的提升;审美鉴赏与创造要求通过阅读中华传统文化经典作品、中国革命传统作品、中国现当代作家作品、外国作家作品、科学与文化论著,形成正确的审美情趣和鉴赏品味;文化传承与理解体现为热爱中华文化,理解多样文化,关注、参与当代文化。以上四个方面的内容是一个整体,在新版课标中有具体的阐述,建议教师熟读课标,从每一方面的内涵出发,在教学设计中尽量设计有针对性的教学活动,以促进学生素养的全面提升。

②立德树人,注重工具性与人文性的统一

在教学过程中,应坚守语文课程的价值导向,并遵循基本学习方法。同时,需积极继承和弘扬中华民族的传统文化,尤其要加强中华优秀传统文化教育和革命传统教育,以此实现语文学科的"立德树人"目标,在此过程中,应注重工具性与人文性的统一,充分发挥其育人功能。教师不仅要传授基本的学习方法,还需指导学生在丰富的语言实践中,不断提升语言表达与交流的能力。更为注重的是,教师应注重对学生情感态度价值观的引导和培养,让他们在学习过程中深刻体会中华文化的博大精深与源远流长。

在教学设计时应加入发散思维与情感迁移的训练,旨在帮助学生能够对文化现象有独到的认识与理解,进而增强他们思维的深刻性与独创性。在这一过程中,应着重培养学生两方面的情感和认知:一是让他们为传统文化感到自豪,二是深刻体会先辈们崇高的革命情怀,从而帮助他们树立正确的世界观、人生观、价值观。

③从实际出发,注重语文课程的实践性

综合性与实践性始终是语文课程的关键所在,也是提高学生语文素养乃至核心素养的重要途径。在教学过程中,尤其要注重实践性的落实,充分尊重学生的主体地位,走出传统教学的模式,调整设计思路,从学生的生活实际以及符合学生情况的课程内容出发,适实地开展多种多样的教学活动,引导学生发现、创新、探究,加强授课的情境化、结构化和选择性,从而促进学生语文学习方式的转变。

教学评价要体现学习目标、内容与评价的一致性。评价要充分考虑语文实践活动的特点,注意考查学生在活动中表现出来的参与程度、思维特征,以及沟通合作、解决问题、批判创新等能力。明确必修与选择性必修、选修课程的重点及其相互联系,注重区分重点和层次。在考查学生学习任务完成情况时,应关注他们在不同难度的学习任务中所展现出的语文学科核心素养的不同发展表现。

④注重时代性,利用现代新技术、新手段、新资源建设课程

教学设计要立足于时代的发展、社会的需要以及地域的特色,有针对性有选择地进行设计。同时,融入先进的教学模式与教学方法,利用新技术,加入现代化教学手段,保证教学的时代性。引导学生结合资源进行自主、合作、探究式学习,鼓励和引导教师充分利用地方和学校的资源,根据学生语文生活的实际实施课程。

(3)研习实践方式

在新修订的课标中,强调学生的主体地位以及学生必要的实践、探究等学习活动。同时,在必修、选择性必修以及选修三个阶段各设置了7—9个学习任务群,除去重复的不计,共计18个学习任务群。这些任务群分散到各个阶段、各个学期,是一项周期较长的实践活动,每个任务群都需要老师组织安排,引导启发。因此,设置综合性活动,以及学习任务群规划,是新课标背景下体现教师对于学习任务群的理解以及活动的安排组织能力的重要一环。

教学过程中,可以从"学习要求"以及学习任务群的"教学提示"入手,把握每个课型教学的具体要求,明确授课要达成的基本要求。同时,锻炼教师设计不

同课型的教学，要将《普通高中语文课程标准》（2017 年版 2020 年修订）作为教学理论的出发点以及落脚点，充分理解其中的内容，尤其是在教学安排、教学建议以及教学评价中，要仔细阅读，做到理论融入实践，同时要加强自身的思考，努力形成具有教学者自身特点的、能够根据不同课型灵活变化的新课标时代的实践呈现。

第二章

聚焦2018

——聚焦新理念：新时代语文教育新理念

【章节说明】

2018 年度聚焦新理念，着眼于学科实践创新。内容主要包括教育改革背景下，语文学科教育教学工作面临的新理念与新要求；当前语文教学改革的新探索与新实践，以及在实际课堂教学中，语文学科实践创新的新模式与新视角；语文学科在教育教学实践中的新发展与新趋势。本章聚焦新理念，明确立德树人的根本任务和目标，旨在引导语文学科教师立足课堂教学实际，围绕高效教学目标，自觉主动地开展实践改进与创新活动。

第一节　语文学科发展面临的问题、困境及解决对策

一、社会背景、政策梳理与基本概念

1. 社会发展背景与顶层设计

改革开放以来，我国经济建设取得了显著成就，从全球视角看，信息化和经济全球化加速发展，传统的经济增长方式正在逐步被知识经济和创新经济取代，国际竞争愈发激烈。为实现中华民族的伟大复兴，必须把握这一机遇期，坚持走改革开放的道路，坚持科教兴国战略，力求实现跨越式发展。

为建设创新型发达国家，需具备相应的国民素质及大量优秀人才。因此，发达国家和地区积极实施教育改革，以应对未来人才需求。面对挑战与机遇，中国确定了培养高素质劳动者、专业人才和拔尖创新人才的战略，旨在改革人才培养模式，加快创新型人才培育。为适应时代需求，中国的教育在课程体系、教材与课程资源、教学与评价的方式、教育观念等方面进行调整。为此，教育部开展了国内现状调查和国际比较研究，并依据中央颁布的政策、文件，要求面向全体学生，深化教育改革，落实立德树人根本任务，全面推进素质教育，同时调整和改革课程体系、结构、内容，建立新的基础教育课程体系。在此基础上，教育部组织有关专家制定了《基础教育课程改革纲要（试行）》，着手研制义务教育和高中课程方案及各学科课程标准，使中国基础教育改革融入国际课程改革潮流。

2. 语文课程核心概念的发展

近几十年来，语文课程的核心概念先后经历了"语文知识""语文能力"的变化，2000 年颁布的《全日制普通高级中学语文教学大纲（试验修订版）》把"语文素养"作为课程的核心概念，强调语文教育必须重视全面、综合的素养。2001 年颁布

的《全日制义务教育语文课程标准(实验稿)》基本理念中第一点就是"全面提高学生的语文素养"。"语文素养"是 2003 年《普通高中语文课程标准(实验)》和 2011 年《义务教育语文课程标准(2011 版)》的核心概念。虽然在课程改革实验初期曾引发争议,但通过实践检验,该词已在语文教育界获得普遍认同。

3. 高中语文课程标准的研制

高中语文课程标准的研制需与义务教育语文课程改革相衔接,在课程性质的表述和课程目标体系保持一致。应坚持工具性与人文性的统一,重视课程的人文内涵,强化语言文字能力的培养,旨在全面提升学生的语文素养。

课程标准的研制需依据语文课程及高中学生的特点来设定课程目标、选择教学策略,并推进学习方式、教学方式和评价方式的改革。同时,需兼顾不同的教学条件和需求,确保课程的包容性和适应性。

课程标准的研制需充分体现高中教育的共同价值,并运用语文课程的独特优势提升学生整体素质。一要明确本学科在高中阶段的目标定位,注重培养应用、审美和探究。二要坚持共同基础与多样选择相统一,确保全体学生获得必需的语文素养。三要考虑学生在基础、发展方向和学习需求上的差异,提供可选择的学习条件和成长空间,以促进学生的特长、能力和个性的充分发展,增强课程的选择性。四要构建相对稳定的课程结构并设立富有弹性的实施机制。

二、语文学科发展面临的问题与困境

恰如一些教育者指出的,高中课改初期引入了许多新内容,如必修课、选修课、领域模块、学分活动、综合素质、校本课程等,然而,由于高考语文考试大纲的影响,当 2007 年课改实验区高考显示选考分值仅占 10%,且必修选修与必考选考不等。同时,中学语文课程改革迅速转向。选修课在许多地方变成了必修课,甚至有的地方不再开设选修课,模块学分也形同虚设,高中语文课程改革很快恢复到课改前的状态。[①]

---

① 唐建新:《中学语文课改的潮起潮落——语文课改十周年的回顾与反思》,《语文教学通讯》2009 年第 11 期。

语文学科在发展过程中困难重重,笔者将语文学科在发展过程中面对的现实问题与困境进行概括,主要集中在以下方面:

一是一定程度上脱离我国教育实际、东方传统文化以及语文教学现实。

二是课改硬件及人力资源欠缺,综合性学习以及选修课因为时间、空间以及师资编制的严重缺乏而投入不足。

三是课程标准囿于基础研究支持的缺失,在教学实践中难以起到课程标准的定性与定量的标准化要求,语文学科的主干知识及核心能力的系统要求尚不清晰,对教学的规范引领作用难以立竿见影。

四是在淡化知识、淡化训练、淡化系统序列的影响下,教材缺乏主干知识与核心能力的教学与训练,少而浅且零碎,给高中语文教学带来了一定的困难,也给报纸杂志以及教辅资料留出了充足空间。

五是缺少语文教材编写的专职人才。多种教材的雷同化、同质化,经济利益的驱使引起的虚假热闹,造成了很大的财力与精力的浪费。

六是语文课堂教学的内容被稀释,语文教学的任务被各种新名词代替。导致学生投入语文学习精力减少。

以上问题与困境的各个方面,更加集中、更为突出的是:

1. 教学内容碎片化,重量轻质

一段时期以来,高中语文课程与教学高度关注学生的学习内容、数量及其先后顺序,认为内容越多顺序越合理,学习效果越好。这种做法在一定程度上丰富了语文学习内容,但量的积累并不必然带来质的飞跃。

从客观上讲,很多学校的语文课程学习,包括选修课、校本课程等的学习,其内容不断膨胀,同时这些课程内容的组织方法和教学方式又大同小异,对学生学习能力和思维品质的培养力度差别不大,其主要价值是传递语文学科的不同知识。在这种状态下,语文课程已经逐渐失去应有的育人内涵,变成仅仅作为某一门类知识载体的"课程知识碎片"。

在采用这种课程设计的课堂教学中,讲授者习惯于单篇课文的教学设计,在有限的课时内,通过讲授、提问、讨论等方式传递知识。在这一过程中,零打碎敲、蜻蜓点水式的知识学习和技能训练,往往是单一而破碎的、浅层的、非关联的。然而,当学习者面对复杂的、深入的、没有确定答案的问题时,常感茫然和无奈。因此,"教学内容碎片化,重量轻质"是语文教学中的大问题,需进行整体研究并针对性地解决。

2. 教学方式同质化,千课一面

不同教师在面对不同学龄及个性各异的学生时,应建构适应学生身心发展、满足个性需求且展现教师风采的语文课堂。然而,语文课堂"千篇一律""千课同构"现象明显。出现这种现象的原因是复杂的。作为课堂教学的两端,备课与评课的理念和方式直接影响课堂教学形态。当前,许多学校将集体备课等同于统一思想、内容、教法,统一进度、评价,导致教师用相似的方法完成同一内容的授课,为课堂教学的同质化埋下了隐患。评价一节语文课,常关注是否达成预设的教学目标以及课堂教学的外在形式是否符合自主、合作、探究要求。这种简单化处理的评价模式易形成误解:如学生自己学习就是"自主",讨论即"合作",话题冠以"研究"即"研究性学习"。①

这些重预设、轻生成,重效率、轻质量,重形式、轻效果的"套路",限制了师生自由发挥。教师易陷入"课时主义",力图在规定的时间内完成预设知识传递,学生不得不配合甚至"作秀",导致教师劳苦、学生厌倦。在学习资料易得的当下,教师作为知识权威的形象消解,学生思考动力和投入激情成问题。调查显示高中课程改革启动时,学生最喜欢的 4 个学科中没有语文。十几年后,高中语文教学千课一面的境况未根本改变。"教学方式同质化,千课一面"导致的语文学科边缘化现状应得到重视。②

3. 思维培养浅表化,难求甚解

从思维发展的角度来看,高中学生在思维深刻性方面有明显的发展特征,他们

① 倪文锦:《问题与对策:语文教学有效性思考》,《中国教育学刊》2011 年第 9 期。
② 郑国民、李煜晖:《高中语文专题教学实践研究探析》,《教育学报》2017 年第 5 期。

不仅具备从不同视角和立场提出问题的能力,也表现出强烈的意愿;他们追求多样化的成果,而非仅仅满足于记忆确定性的答案。此处,高中学生对问题进行深度探究的渴望更为突出,他们倾向于借助典型的文献材料,以讲证据、有逻辑的方向阐述观点。这种从现象到本质、从特殊到一般的深刻认识过程,相较于浅表化的问题解决方式,更能激发他们的学习热情。

现实的高中语文课堂教学仍不能很好地满足学生在思维广度和深度上的发展诉求。首先,质疑和提问的机会被教师"垄断",以教师提出大量预设的问题并引导学生来解决,虽然能提高课堂教学的效率,但在一定程度上阻滞了学生质疑精神和提问能力的发展。而这两者正是学生思维发展的起点。其次,在问题解决的过程中,由于教师预设了问题及"标准答案",导致学生无论如何"自主""合作""探究",最终都需回归到这些答案上来。这样简单重复、答案唯一的教学方式难以激发学生学习的动力,甚至引发学生的不屑。[①] 即使学生对课上问题产生了浓厚的兴趣,也往往因缺乏机会和时间深入研究而无法满足,他们的精力被浅表化学习任务分散,思维品质的深刻性培养更是无从谈起。因此,"思维培养浅表化,难求甚解"成为语文教学成效甚微的关键,素质教育、素养培育的实现也面临挑战。

三、解决问题的基本对策

伴随着课程改革,语文学科在发展过程中取得显著进展,在语文知识和语文能力的基础上提出的语文素养被普遍接受。同时,语文学科的工具性人文性并重、必修与选修相结合、综合性学习等新概念得到了广泛普及。语文教育资源无时不在的观念也深入人心。课程改革的一些基本理念,如自主、合作、探究的学习方式,以及高中的现代教育理念——共同基础与多样选择等,逐渐形成了广泛共识。

伴随着社会的发展和课程改革的深化,现代教育理念得到了广泛普及。传统的师道尊严观念逐渐转变,适应现代社会发展的师生关系得以呈现,学生学习的主体地位得到确立,以人为本的教育思想在各级各类学校教育中获得大家的认可。

---

① 郑国民、李煜晖:《高中语文专题教学实践研究探析》,《教育学报》2017 年第 5 期。

一些优质学校在课程改革中积极开展学生的语文综合性学习,推进选修课的开设。然而,语文学科在发展过程中也面临着困境与问题,如何化解这些问题引起了语文工作者的高度关注。

针对近年教育发展中亟待解决的现实问题,国家聚焦新形势与新要求,着重强调立德树人根本任务和目标。在课程改革、教育发展、教育评价、教育理论、教育理念、教育实施等方面,国家推出了一系列新变化与新对策。让我们共同关注年度热点关键,深入探讨。

1. 修订新课标 解决新问题

修订工作是从调研起步的,首先需要弄清语文课程长期存在的问题,特别是课程改革十年来的进展与不足;同时也要了解与探讨其他国家课程改革的新思路。本次修订工作的总体思路的主要任务可以概括为以下几点:这次课程标准的修订并不是从零开始,普通高中课程标准的实验稿,从 2004 年开始实施,到此次

基本对策—王宁(2017版普通高中语文课程标准修订组负责人)谈语文课程标准修订工作的总体思路和主要任务

修订启动,已经整整十年。这十多年的课程改革取得了成绩,明确了一些重要的问题,曾经存在的"学科中心""知识本位""技能训练至上"等问题,逐渐得到改进,也锻炼了一支具有改革意识的教师队伍。但是,面对经济、科技的迅猛发展和社会生活的深刻变化,面对新时代社会主要矛盾的转化,面对新时代对提高全体国民素质和人才培养质量的新要求,面对我国高中阶段教育基本普及的新形势,普通高中课程方案和课程标准实验稿还有一些不相适应和亟待改进之处。例如,改革力度和教学质量发展不平衡,一些省份和地区师资队伍跟不上形势,仍然习惯于依靠教科书和高考试卷进行教学,选修课程未能顺利实施,学生课业负担过重的问题仍然没有彻底解决……十多年的改革经验需要总结、反思、提升、巩固,新形势下面对的新问题必须正视,存在的问题需要进一步解决。语文课程标准的修订是形势的需要,也是语文教师迫切的要求和心愿。

2. 以立德树人铸就教育之魂

进入新时代,坚持中国特色社会主义教育发展道路,坚持社会主义办学方向,以凝聚人心、完善人格、开发人力、培育人才、造福人民为工作目标,培养德智体美劳全面发展的社会主义建设者和接班人,是教育工作的根本任务,也是教育现代化的方向目标。①

基本对策——新华社评论员:以立德树人铸就教育之魂——学习贯彻习近平总书记在全国教育大会重要讲话(节选)（来源:新华社2018年9月11日）

3. 发挥教育评价改革领头雁作用

克服"顽瘴痼疾"　破除体制机制障碍

当前校长们、老师们感受最深、呼声最强烈、关注度最高的还是改革,要围绕破除教育领域长期存在的体制机制障碍,在一些标志性、引领性、支柱性改革上取得突破。

基本对策——时任教育部长陈宝生2019年全国教育工作会讲话(节选)（来源:微言教育2019年1月30日）

要把教育评价改革作为"最硬的一仗"来推进。

"唯分数、唯升学、唯文凭、唯论文、唯帽子",这"五唯"是当前教育评价指挥棒方面存在的根本问题,是当前教育改革中最难啃的"硬骨头",但再难也要啃下来。"五唯"问题解决了,才能从根本上扭转功利化倾向、从根本上祛除浮躁之弊,还教育清静、清爽、清新之风。40年前,恢复高考成为中国改革的先导,今年要把评价改革作为龙头,发出进一步深化教育改革的先声。要在破除"五唯"问题上打一场硬仗,拿出实招硬招新招。针对基础教育、职业教育、高等教育不同领域,大、中、小学不同学段,各级各类

---

① 《以立德树人铸就教育之魂——学习贯彻习近平总书记在全国教育大会重要讲话》,《新华每日电报》2018年9月11日。

教师不同职业要求,显性、隐性评价不同方式,全面梳理、分析、评估教育评价的现状、问题与原因,分层分类研究提出改革的思路举措。要以立促破、破立结合,从教育规律和人才成长规律出发,在"唯"与"不唯"之间找到平衡,拿出整体设计,把教育评价改革的大逻辑理出来,搞清楚从哪里突破、规则是什么、路径是什么。要抓住考试评价等关键环节,深化高考、中考改革,形成更加全面的考试、更加综合的评价、更加公平的选拔,发挥教育评价改革领头雁作用。[1]

4.深入贯彻全国教育大会精神

刚刚闭幕的全国教育大会,在我国教育发展史上具有重要的里程碑意义。会议用"九个坚持",梳理概括了党的十八大以来习近平总书记关于教育的重要论述,形成了系统完整的新时代中国特色社会主义教育理论体系,标志着我们党对教育规律的认识达到了新高度。习近平总书记在大会上的重要讲话,是重要论

基本对策——孙春兰:深入学习贯彻习近平总书记关于教育的重要论述 奋力开创新时代教育工作新局面(节选)(来源:《求是》2018年10月8日)

述的集大成,为新时代教育改革发展提供了根本遵循。学习贯彻大会精神,最重要的是全面学习把握习近平总书记关于教育的重要论述的科学内涵和精神实质,更好地武装头脑、指导实践、推动工作。

一要坚持正确办学方向。古今中外,每个国家都是按照自己的政治要求来培养人的。在落实立德树人根本任务,培养社会主义建设者和接班人这个方向问题上,丝毫不能偏离。青少年是价值观形成和塑造的关键时期,要从学生的身心特点和思想实际出发,改进方式方法,深入推动习近平新时代中国特色社会主义思想进教材进课堂进头脑。在课程建设上,要加强大中小学德育课程一体化建设,推动思想政治教育循序渐进、由浅入深、有机衔接。在教材建设上,要及时修订中小学语

---

① 陈宝生:《落实 落实 再落实——在2019年全国教育工作会议上的讲话》,《人民教育》2019年第101期。

文统编教材,将思想政治工作贯穿于学科体系、教学体系、教材体系、管理体系当中,增强吸引力、感染力、说服力。

二要树立现代教育理念。实现教育现代化,首先是教育理念要现代化,深化教育改革也必须从创新理念开始。素质教育是教育的核心,要从偏重智育向德智体美劳全面发展转变,努力构建德智体美劳全面培养的教育体系,倡导启发式、探究式、讨论式、参与式教学,提高学生的综合素质。切实减轻中小学生过重课外负担。

三要深化教育综合改革。改革是教育事业发展的根本动力,要坚定不移加快重点领域和关键环节的改革,为推进教育现代化奠定基础。我们的国情决定了高考将继续发挥着"指挥棒"作用,要稳步增加试点省份。教育评价对学校办学、教师从教具有导向作用,要突出素质教育评价,坚决克服唯分数、唯升学、唯文凭、唯论文、唯帽子的顽瘴痼疾,引导学校将治校办学的重点放到立德树人上来。

……

深刻理解立德树人的根本任务。人才培养是育人和育才相统一的过程,而育人是本。习近平总书记把劳动教育纳入社会主义建设者和接班人的要求之中,提出"德智体美劳"的总体要求,并从六个方面对如何培养社会主义建设者和接班人提出明确要求,这是党的教育理论的重大创新。素质教育实施 20 多年来,逐渐成为我国教育的核心理念和社会各界的广泛共识。我们要遵循教育规律和人才成长规律,努力构建德智体美劳全面培养的教育体系,把立德树人贯穿到教育工作的各领域、各环节,使素质教育具体化,培养全面发展的时代新人。

深刻理解优先发展教育事业的战略部署。教育是民族振兴、社会进步的重要基石。习近平总书记强调,坚持把优先发展教育事业作为推动党和国家各项事业发展的重要先手棋,不断使教育同党和国家事业发展要求相适应、同人民群众期待相契合、同我国综合国力和国际地位相匹配。当今世界正在经历百年未有之大变局,科技创新从未像今天这样深刻影响世界经济政治力量对比、成为国际竞争力的关键。过去我们是"穷国办大教育"，困难多、底子薄，很不容易。现在是"大国办强教育"，既要补短板、又要提质量，仍然必须优先发展教育事业，以教育现代化支撑国家现代化。

深刻理解坚持社会主义办学方向的政治原则。培养什么人、怎样培养人、为谁培养人，是教育的根本问题。习近平总书记明确要求，我们办的是社会主义教育，要培养社会发展、知识积累、文化传承、国家存续、制度运行所要求的人，培养一代又一代拥护中国共产党和我国社会主义制度、立志为中国特色社会主义奋斗终身的有用人才。这是我们思考和谋划教育工作的逻辑起点，也是必须牢牢把握的正确政治方向。要坚持教育为人民服务、为中国共产党治国理政服务、为巩固和发展中国特色社会主义制度服务、为改革开放和社会主义现代化建设服务，真正做到为党育人、为国育才。

深刻理解扎根中国大地办教育的坚定自信。习近平总书记强调，我国有独特的历史、独特的文化、独特的国情，教育必须坚定不移走自己的路。我国五千多年的文明史，孕育了学无止境、有教无类、因材施教等深厚的教育思想。新中国成立以来，在不到 70 年的时间里，我国教育总体发展水平进入世界中上行列，成就非常了不起，彰显了党的宗旨和我国的制度优势、政治优势。这些都是我们坚定教育自信的底气。我国教育还存在一些问题，但照搬别国经验是解决不了的，必须扎根中国大地，探索更多符合国情的办法，让中国特色社会主义教育发展道路越走越宽广。

深刻理解坚持以人民为中心发展教育的价值追求。我们党一贯强调，教育为了人民。习近平总书记十分关心人民群众的教育获得感，多次强调教育公平是社会公平的重要基础，必须不断促进教育事业发展成果更多更公平惠及全体人民，努力让每个孩子都享有公平而有质量的教育。这些重要论述，既深刻阐明了我国教育的社会主义性质，又鲜明表达了我国教育的人民立场。当前，我国教育有了长足的发展，"有学上"的问题总体上基本解决，"上好学"的需求更加凸显。教育坚持以人民为中心的发展思想，就是要解决教育发展不平衡不充分问题，扩大优质资源供给,办好人民满意的教育。[1]

5. 面向中国教育现代化 2035

《中国教育现代化 2035》提出了推进教育现代化的八大基本理念:更加注重以德为先,更加注重全面发展,更加注重面向人人,更加注重终身学习,更加注重因材施教,更加注重知行合一,更加注重融合发展,更加注重共建共享。总体目标是:到 2020 年,全面实现"十三五"发展目标,教育总体实力和国际影响力显著增强,劳动年龄人口平均受教育年限明显增加,教育现代化取得重要进展,为全面建成小康社

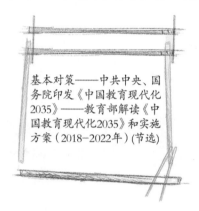

基本对策——中共中央、国务院印发《中国教育现代化2035》——教育部解读《中国教育现代化2035》和实施方案（2018-2022年）(节选)

会作出重要贡献。在此基础上,再经过 15 年努力,到 2035 年,总体实现教育现代化,迈入教育强国行列,推动我国成为学习大国、人力资源强国和人才强国,为到本世纪中叶建成富强民主文明和谐美丽的社会主义现代化强国奠定坚实基础。《中国教育现代化 2035》聚焦教育发展的突出问题和薄弱环节,立足当前,着眼长远,重点部署了面向教育现代化的十大

战略任务:一是学习习近平新时代中国特色社会主义思想,二是发展中国特色世界先进水平的优质教育,三是推动各级教育高水平高质量普及,四是实现基本公共教育服务均等化,五是构建服务全民的终身学习体系,六是提升一流人才培养与创新能力,七是建设高素质专业化创新型教师队伍,八是加快信息化时代教育变革,九是开创教育对外开放新格局,十是推进教育治理体系和治理能力现代化。《中国教育现代化 2035》还明确了实现教育现代化的实施路径和保障措施。

绘制新时代加快推进教育现代化建设教育强国的宏伟蓝图——教育部负责人就《中国教育现代化 2035》和《加快推进教育现代化实施方案(2018—2022 年)》答

---

[1] 孙春兰:《深入学习贯彻习近平总书记关于教育的重要论述 奋力开创新时代教育工作新局面》,《求是》2018 年第 19 期。

记者问（节选）

近日，中共中央、国务院印发了《中国教育现代化2035》，中共中央办公厅、国务院办公厅印发了《加快推进教育现代化实施方案（2018—2022年）》（以下简称《实施方案》）。教育部负责人就两个文件有关情况回答了记者提问。

问：请介绍一下《中国教育现代化2035》编制的背景和意义。

答：制定教育现代化文件，是中国特色社会主义进入新时代，党中央、国务院作出的重大战略部署，是贯彻落实党的十九大精神和全国教育大会精神、加快教育现代化的重要举措。

党的十八大以来，以习近平同志为核心的党中央坚定不移实施科教兴国战略和人才强国战略，坚持优先发展教育，大力推进教育领域综合改革，持续加大教育投入，教育现代化加速推进，教育总体发展水平进入世界中上行列，取得了全方位、开创性的历史性成就。党的十九大明确提出建设教育强国是中华民族伟大复兴的基础工程，必须把教育事业放在优先位置，深化教育改革，加快教育现代化，办好人民满意的教育。习近平总书记多次对教育工作作出指示批示，强调要发展具有中国特色、世界水平的现代教育，为建设教育强国指明了方向。2018年9月10日，党中央召开全国教育大会，习近平总书记在大会上发表重要讲话，系统回答了关系教育现代化的重大理论和实践问题，对加快教育现代化、建设教育强国、办好人民满意的教育作出了全面部署，向全党全国全社会发出了加快教育现代化的动员令，为新时代教育提供了根本遵循。李克强总理在讲话中强调，要准确把握教育事业发展面临的新形势新任务，全面落实教育优先发展战略，以教育现代化支撑国家现代化。

中国特色社会主义进入新时代，教育的基础性、先导性、全局性地位和作用更加凸显。加快向创新型国家迈进，建设现代化经济体系，建设富强民主文明和谐美丽的社会主义现代化强国，实现中华民族伟大复兴的中国梦，满足人民美好生活需要，必须加快教育现代化，把我国建设成为教育强国。从全球来看，当前新一轮科技革命和产业革命正在孕育兴起，重大科技创新正在引领社会生产新变革，互联网、人工智能等新技术的发展正在不断重塑教育形态,知识获取方式和传授方式、教和学关系正在发生深刻变革。人民群众对教育的需求更为多样,对更高质量、更加公平、更具个性的教育需求也更为迫切。必须抓住机遇,超前布局,以更高远的历史站位、更宽广的国际视野、更深邃的战略眼光对加快推进教育现代化、建设教育强国作出战略部署和总体设计,推动我国教育不断朝着更高质量、更有效率、更加公平、更可持续的方向前进。

改革开放以来,党中央、国务院先后颁布《中国教育改革和发展纲要》《国家中长期教育改革和发展规划纲要(2010—2020年)》等纲领性文件,在不同历史时期有力指导推动了教育改革发展。2035年是我国基本实现社会主义现代化的重要时间节点,面向2035目标描绘好教育发展的远景蓝图,为新时代开启教育现代化建设新征程指明方向,培养造就新一代社会主义建设者和接班人,具有重要的现实意义和深远的历史意义。编制《中国教育现代化2035》,也是我国积极参与全球教育治理、履行我国对联合国2030年可持续发展议程承诺,为世界教育发展贡献中国智慧、中国经验、中国方案的实际行动。

问:请介绍一下两个文件的定位。

答:两个文件远近结合,各有分工和侧重,共同构成了教育现代化的顶层设计和行动方案。《中国教育现代化2035》是我国第一个以教育现代化为主题的中长期战略规划,是新时代推进教育现代化、建设教育强国的纲领性文件,定位于全局性、战略性、指导性,与以往的教育中长期规划相比,时间跨度更长,重在目标导向,对标新时代中国特色社会主义建设总体战略安排,从"两个一百年"奋斗目标和国家现代化全局出发,在总结改革开放以来特别是党的十八大以来教育改革发展成就和经验基础上,面向未来描绘教育发展图景,系统勾画了我国教育现代化的战略愿景,明确教育现代化的战略目标、战略任务和实施路径。

未来五年是实现两个百年目标的历史交汇期,是贯彻落实党的十九大精神和全国教育大会精神、实现2035年教育现代化目标奠定基础的关键时期,也是中长期教育规划纲要、"十三五"规划收官和"十四五"规划起步的衔接期。《实施方案》

定位于行动计划和施工图,是本届政府任期内加快推进教育现代化、建设教育强国的时间表、路线图,突出行动性、操作性,重在问题导向,按照可操作、可落地、可监测、可评估的原则,聚焦未来五年教育发展的战略性问题、当前教育发展面临的紧迫性问题和人民群众关心的问题,按照可实施、可量化、可落地的原则,将教育现代化远景目标和战略任务细化为未来五年的具体目标任务和工作抓手,指导推进今后五年教育改革发展,确保新时代教育现代化建设开好局、起好步。

问:《中国教育现代化2035》有哪些突出特点?

答:文件以习近平新时代中国特色社会主义思想为指导,深入贯彻党的十九大精神和全国教育大会精神,具有以下鲜明特点:

一是服务国家人民。从巩固发展中国特色社会主义的要求出发,旗帜鲜明地提出加强党对教育工作的全面领导,突出了培养德智体美劳全面发展的社会主义建设者和接班人这一主线。围绕"五位一体"总体布局和"四个全面"战略布局,提出构建开放融合的现代教育体系。坚持以人民为中心的发展思想,顺应人民期盼,让教育发展成果更多、更公平地惠及全民。

二是体现前瞻引领。梳理国内外先进经验和前瞻性研究成果,提出了我国教育现代化的基本理念。深入分析中国特色社会主义进入新时代的大背景、新一轮科技和产业革命的新机遇新挑战,对接制造强国、科技强国等国家重大战略,坚持需求导向、问题导向,明确了推进教育现代化的思路和方向。

三是立足国情世情。对标新时代中国特色社会主义建设战略安排,参照联合国2030可持续发展议程,在国家现代化和建设人类命运共同体的全局中考虑我国教育定位。坚持扎根中国大地办教育,聚焦教育发展不平衡不充分的突出问题,着力解决群众最关心最直接最现实的问题,从社会主义初级阶段的国情出发,尽力而为、量力而行,科学设定教育现代化目标任务。

四是突出改革创新。坚持以改革促发展,系统谋划教育现代化的制度框架,将体制机制创新作为教育现代化的根本动力,充分运用新机制、新模式、新技术激发教育发展活力,确保教育现代化目标的实现。

五是注重规划实施。坚持宏观引导与具体行动相结合,提出了一系列可操作、可落实的战略任务,明确了实施路径和保障措施。坚持总体规划、分类指导,使文件在规划教育现代化全局的同时对各地推进实施具有更强的指导性。

问：教育现代化是赶超世界先进教育水平的过程,同时也是随着时代的发展和实践的深化不断发展、与时俱进的过程。《中国教育现代化 2035》提出了哪些推进教育现代化的思路理念？

答：教育现代化是教育高水平的发展状态,是对传统教育的超越,是教育发展理念、发展方式、体系制度等全方位的转变。《中国教育现代化 2035》贯彻落实习近平新时代中国特色社会主义思想和习近平总书记关于教育的重要论述精神,提出了推进教育现代化的指导思想、基本理念和基本原则。

指导思想明确了当前和今后一段时期推进教育现代化的总体要求。其中党的坚强领导是办好我国教育的根本保证;全面贯彻党的教育方针、坚持马克思主义指导地位、坚持中国特色社会主义教育发展道路、坚持社会主义办学方向,是不可偏离的根本方向;立足基本国情、遵循教育规律、坚持改革创新,是兴教办学的原则思路;凝聚人心、完善人格、开发人力、培育人才、造福人民,是事业发展的工作目标;培养德智体美劳全面发展的社会主义建设者和接班人,是教育工作的根本任务;加快推进教育现代化、建设教育强国、办好人民满意的教育,是贯穿教育改革发展的主题主线。提高教育质量,促进教育公平,优化教育结构是推进教育现代化的重要着力点。提出了坚持党的领导、坚持中国特色、坚持优先发展、坚持服务人民、坚持改革创新、坚持依法治教、坚持统筹推进七个方面的基本原则。

理念是行动的先导。我国有独特的历史、文化和国情,有近三千年教育史,积累了丰富的教育经验和智慧。推进教育现代化,必须扎根中国、融通中外、立足时代、面向未来,从我国优秀教育传统中汲取营养,积极吸收借鉴国际先进经验,以新的发展理念和教育思想指导教育现代化。《中国教育现代化 2035》将"基本理念"单列一节,系统提出了八个"更加注重"的基本理念,即以德为先、全面发展、面向人人、终身学习、因材施教、知行合一、融合发展、共建共享。这八大基本理念,遵循了教育规律和人才成长规律,也顺应了国际教育发展趋势。

问:如何理解推进教育现代化的总体目标?

答:教育现代化是普及、质量、公平、结构等方面整体水平的提升。在战略目标上,文件对标国家现代化建设战略安排,在深入分析教育发展趋势和进行国际比较的基础上,提出了到2020年教育现代化取得重要进展,2035年总体实现教育现代化、迈入教育强国行列的总体目标。同时,提出了八个方面的2035年主要发展目标:一是建成服务全民终身学习的现代教育体系;二是普及有质量的学前教育;三是实现优质均衡的义务教育;四是全面普及高中阶段教育;五是职业教育服务能力显著提升;六是高等教育竞争力明显提升;七是残疾儿童少年享有适合的教育;八是形成全社会共同参与的教育治理新格局。这八方面目标,涵盖了体系结构、普及水平、教育质量、人才培养结构、服务贡献能力等教育现代化的目标要求。同时,提出了2035年教育事业发展和人力资源开发水平主要量化预期目标。这些目标的确定,以国家现代化建设的总体战略目标为依据,与全球2030年可持续发展议程相呼应,体现了中国特色,符合国情,体现了使教育同党和国家事业发展要求相适应、同人民群众期待相契合、同我国综合国力和国际地位相匹配的目标要求。

问:围绕加快教育现代化、建设教育强国的战略目标,两个文件谋划部署了哪些重点任务?

答:根据教育现代化的总目标,《中国教育现代化2035》提出了推进教育现代化的十大战略任务。一是学习习近平新时代中国特色社会主义思想,这是推进教育现代化的根本遵循。二是发展中国特色世界先进水平的优质教育,全面落实立德树人根本任务,形成高水平人才培养体系,这是教育现代化的核心要求。三是推动各级教育高水平高质量普及,全面扩大人民群众受教育机会,这是实现教育现代化的重要基础。四是实现基本公共教育服务均等化,努力让全体人民享有更公平的教育,这是教育现代化的基本要求。五是构建服务全民的终身学习体系,加快建设学习型社会,这是服务终身学习、建设学习大国的迫切需要。六是提升一流人才培养与创新能力,优化教育体系结构和学校布局结构,努力提升高校创新服务水平。七是建设高素质专业化创新型教师队伍,坚持把教师队伍建设作为基础工作,为教育现代化提供人才支撑。八是加快信息化时代教育变革,推动教育组织形式和管理模式的变革创新,以信息化推进教育现代化。九是开创教育对外开放新格局,积极服务"一带一路"建设,全面加强与世界各国和国际组织的教育务实合作,提升我国教育国际影响力。十是推进教育治理体系和治理能力现代化,建立多元参与的协同治理新机制,这是教育现代化的重要保障。其中,教育优质化、普及化、公平化、终身化和创新服务能力反映了教育现代化的主要内涵,教师队伍专业化、治理现代化、信息化、国际化是教育现代化的重要支撑。这些战略任务,既立足当前,聚焦教育发展的突出问题和薄弱环节,突出补齐短板、夯实基础,又着眼长远,反映了时代要求,顺应了未来发展趋势。

根据 2035 年教育远景战略任务,《实施方案》聚焦当前,提出了未来五年推进教育现代化的十大任务,其中,立德树人是基础工程,基础教育巩固提高、职业教育产教融合、高等教育内涵发展是构建现代教育体系的重要着力点,教师队伍建设、教育信息化是推进教育现代化的有力支撑,推进教育现代化区域创新试验是推动形成区域教育发展新格局的战略重点,推进共建"一带一路"教育行动是提升我国教育国际影响力的重要举措,深化重点领域教育综合改革是教育现代化的动力源泉。

问:《中国教育现代化 2035》描绘了教育现代化的宏伟蓝图,时间跨度长,如何确保教育现代化目标任务的实现?

答: 为确保教育现代化目标任务的实现,《中国教育现代化 2035》提出了三个方面的保障措施:

一是加强党对教育工作的全面领导。包括建立健全党委统一领导、党政齐抓共管、部门各负其责的教育领导体制,加强各级各类学校党的领导和党的建设工作,建设高素质专业化教育系统干部队伍。这是做好教育工作的根本保证。

二是完善教育现代化投入支撑体制。把教育投入作为支撑国家长远发展的基础性、战略性投资,深化教育经费投入机制改革,提高教育投入水平和经费使用效益,为实现教育现代化提供有力的物质保障。

三是完善落实机制。构建全方位协同推进教育现代化的有效机制,把我国社会主义政治优势转化为推进教育现代化的制度优势,集中力量办大事,依靠部门大协同、区域大协作,推进教育现代化。

问:在近14亿人口的大国实现教育现代化,世界上没有先例,在推进实施方面有何考虑?

答:推进教育现代化,必须从实际出发,立足国情,尽力而为、量力而行,科学设计教育现代化的发展战略、目标与路径。

一是总体规划,分区推进。在国家教育现代化总体规划框架下,推动各地从实际出发,制定本地区教育现代化规划,分区推进教育现代化发展。二是细化目标,分步推进。明确推进教育现代化的时间表和路线图,科学确定阶段性目标任务,有计划有步骤地推进教育现代化。三是精准施策,统筹推进。充分发挥东部地区对中西部地区教育发展的辐射带动作用,加快落后地区、重点领域的教育现代化进程,协同开展教育现代化建设。四是改革先行,系统推进。分批分类开展教育现代化改革试点,创新体制机制,充分释放教育发展活力。

习近平总书记强调,教育是国之大计、党之大计。教育是全党全社会的共同事业,加快教育现代化、建设教育强国是一个长期的过程,必须一张蓝图绘到底,持之以恒,久久为功。教育系统将紧密团结在以习近平同志为核心的党中央周围,强化责任担当,锐意开拓进取,落实好党中央决策部署,全面贯彻党的教育方针,把"四个自信"转化为办好中国教育的自信。在发挥政府主导作用的同时,充分调动全社会力量,加强学校、社会、家庭相互配合,多形式多途径参与、支持教育现代化建设。①

---

① 《绘制新时代 加快推进教育现代化建设教育强国的宏伟蓝图——教育部负责人就〈中国教育现代化2035〉和〈加快推进教育现代化实施方案(2018—2022年)〉答记者问》,《人民教育》2019年第5期。

第二节 语文课程的基本理念解读

一、解读基本理念 1

1. 关于基本理念 1

坚持立德树人，增强文化自信，充分发挥语文课程的育人功能。

祖国语文是中华儿女的精神家园，语文课程对继承和弘扬中华优秀传统文化、革命文化、社会主义先进文化，培养文化自信，推动文化的创新发展，具有不可替代的优势。

普通高中语文课程，必须以习近平新时代中国特色社会主义思想为指导，坚持立德树人，弘扬民族精神，融入社会主义核心价值观教育，培养热爱中华文明、热爱祖国、热爱人民、热爱中国共产党的深厚感情，以及热爱美好生活和奋发向上的人生态度，使学生逐步形成自己的思想、行为准则，增强为中华民族伟大复兴而努力的历史使命感和社会责任感。坚持加强语文课程内容与学生成长的联系，引导学生积极参与实践活动，学习认识自然、认识社会、认识自我、规划人生，在促进人的全面发展方面发挥应有的功能。[1]

2. 立德树人理念与课程标准修订：时代背景下的关联与要求

党的十九大召开前后，习近平新时代中国特色社会主义思想已经明确，立德树人成为教育在新时代发展的根本任务，语文课程必然首先承担起这一根本任务。立德树人，培养新时代的创新型人才，满足国家、社会高速发展的需要，是党和国家对教育的迫切要求和殷切期望，其发展历程体现在国家政策制定的过程中。全面贯彻党的教育方针，落实立德树人根本任务，发展素质教育，推进教育公平，培养德

---

[1] 中华人民共和国教育部：《普通高中语文课程标准（2017 年版 2020 年修订）》，人民教育出版社，2020 年。

智体美劳全面发展的社会主义建设者和接班人,这是党和国家意志的体现。

同时,要深刻理解立德树人根本任务与课程标准修订之间的联系。素质教育实施二十多年来,逐渐成为我国教育的核心理念和社会各界的广泛共识。我们要遵循教育规律和人才成长规律,努力构建德智体美劳全面培养的教育体系,把立德树人贯穿到教育工作的各领域、各环节,使素质教育具体化,培养全面发展的时代新人。[①]

另一方面,普通高中课程标准的修订工作开始于 2013 年的国家整体方案修订。对语文课程来说,其课程标准的修订尤为迫切。语文课程标准的修订是作为先行试点的学科之一,在 2014 年初,先于大多数其他学科启动。同时,在本次 2017 版普通高中课程标准的修订过程中,语文课程的改革面临着更大的挑战。近 30 年来,信息社会的迅猛发展推动了全球教育改革的热潮,母语教育成为世界各国普遍关注的话题。这是因为语言文字的发展和传播不仅直接关系到各个国家对外交流的软实力,还与发展各国本土文化有密切的关系。在这种背景下,语文课程标准的修订需要具背国际视野,同时融入本国的特色,只有创建具有本国特色的语文课程,才是具备真正的世界性,进而与世界各国进行平等的对话与交流。

3. 培养什么人是教育的首要问题

培养什么人是教育的首要问题,语文课程需从立德树人的根本任务出发,充分发挥其育人功能。针对这一问题,习近平总书记在全国教育大会发表重要讲话,全面总结党的十八大以来教育改革发展实践中形成的新理念、新思想、新观点,围绕培养什么人、怎样培养人、为谁培养人这一根本问题,提出工作要求,作出战略部署。因此,首先要认真学习贯彻习近平总书记在全国教育大会上的重要讲话。此次大会是改革开放以来党中央召开的第五次,也是新时代首次全国教育大会。习近平总书记站在新时代坚持和发展中国特色社会主义的战略高度,深刻阐述了教

---

① 孙春兰:《深入学习贯彻习近平总书记关于教育的重要论述 奋力开创新时代教育工作新局面》,《人民教育》2018 年第 19 期。

育在党和国家工作大局中的战略地位,首次提出教育是国之大计、党之大计,把教育摆在前所未有的高度。讲话中,习近平总书记从六个方面对如何培养社会主义建设者和接班人提出明确要求,这是党的教育理论的重大创新。大会强调,教育对于接班人的培养,国家的长治久安、民族复兴和国家崛起具有至关重要的影响。

　　培养什么人是教育的首要问题,语文课程建设必须坚持正确的政治方向,深刻理解并坚持社会主义办学方向的政治原则。培养什么人、怎样培养人、为谁培养人,是教育的根本问题。习近平总书记明确要求,我们办的是社会主义教育,要培养社会发展、知识积累、文化传承、国家存续、制度运行所要求的人,要培养一代又一代拥护中国共产党和我国社会主义制度、立志为中国特色社会主义奋斗终身的有用人才。这是教育工作的逻辑起点,也是必须牢牢把握的正确政治方向。教育应为人民服务、为中国共产党治国理政服务、为巩固和发展中国特色社会主义制度服务、为改革开放和社会主义现代化建设服务,实现为党育人、为国育才的目标。[①]习近平总书记提出"五育并举""六个下功夫",强调凡是不利于实现立德树人目标的做法都要坚决改正。[②] 为实现立德树人目标,教育应凝聚人心、完善人格、开发人力、培育人才、造福人民,朝着"改过来"的目标下功夫,重点针对长期以来疏于德、弱于体和美、缺于劳的问题,换脑筋、换思路、换办法,改环境、改途径、改习惯,让立德树人回归社会、回归家庭、回归生活,以新的方式推进立德树人工作,培养德智体美劳全面发展的社会主义建设者和接班人。应通过体育锻炼让学生享受乐趣、增强体质、健全人格、锤炼意志,到坚持以美育人、以文化人,提高学生审美和人文素养,再到弘扬劳动精神,教育引导学生崇尚劳动、尊重劳动,都是学生健康成长的重要方面,[③]是立德树人的教育实践抓手。

　　① 孙春兰:《深入学习贯彻习近平总书记关于教育的重要论述 奋力开创新时代教育工作新局面》,《人民教育》2018 年第 19 期。

　　② 宋德民:《深入学习贯彻党的教育方针 推动教育高质量发展》,《人民教育》2022 年第 1 期。

　　③ 《教育部负责人就〈中国教育现代化 2035〉和〈加快推进教育现代化实施方案(2018—2022 年)〉答记者问》,《人民教育》2019 年第 5 期。

培养什么人是教育的首要问题,语文课程需做到育人和育才相统一。习近平总书记在全国教育大会上强调,人才培养是育人和育才相结合的过程,其中育人是根本。国无德不兴,人无德不立。育人的核心,在于立德铸魂。"得其大者可以兼其小",立德首先要在坚定理想信念上下功夫,在厚植爱国主义情怀上下功夫,教育引导学生树立共产主义远大理想和中国特色社会主义共同理想,增强"四个自信",肩负时代重任,立志扎根人民、奉献国家,以高远的志向砥砺奋斗精神,使学生在人生道路上刚健有为、自强不息。天下大事必作于细,必成于实。立德也需在加强品德修养上下功夫,这就要求学生从自身做起、从点滴开始,在日常学习生活中积极培育和践行社会主义核心价值观,踏踏实实修好品德,努力成为具备大爱大德大情怀之人。此外,才为德之资,德为才之帅。培养德才兼备的有用人才,还要在增强综合素质上下功夫,促进学生的全面发展。这包括珍惜学习时光,心无旁骛求知问学,沿着求真理、悟道理、明事理的方向前进;以及培养学生综合能力,培养创新思维。[①]

培养什么人是教育的首要问题,语文课程应从薄弱处着手,关注增强文化自信和树立对国家通用语言文字的认同感。语言文字不仅是文化传承的载体,也是重要的育人资源。要大力推广国家通用语言文字,树立国家通用语言文字认同感,增进文化认同和国家认同。要继续实施中华经典诵读、语言资源保护、中华思想文化术语传播、古文字研究与应用等工作,要进一步加强国家通用语言文字标准化、信息化建设,更深层次发挥语言文字在传承中华优秀传统文化、革命文化和社会主义先进文化中的重要作用。

二、解读基本理念 2

1. 关于基本理念 2

以核心素养为本,推进语文课程深层次的改革。

随着社会和教育事业的发展,语文课程更加强调以核心素养为本。要进一步改革语文课程的目标和内容,既要关注知识技能的外显功能,更要重视课程的隐性

---

① 陈宝生:《落实 落实 再落实——在 2019 年全国教育工作会议上的讲话》,《人民教育》2019 年第 101 期。

价值,还要关注语文课程在社会信息化过程中新的内涵变化;通过改革,让学生多经历、体验各类启示性、陶冶性的语文学习活动,逐渐实现多方面要素的综合与内化,养成现代社会所需要的思维品质、精神面貌和行为方式。

普通高中语文课程应继续引导学生丰富语言积累,培养良好语感,掌握学习语文的基本方法,养成良好的学习习惯,提高运用祖国语言文字的能力;语言文字运用和思维密切相关,语文教育必须同时促进学生思维能力的发展与思维品质的提升;语文教育也是提高审美素养的重要途径,要让学生在语言文字运用的学习中受到美的熏陶,培养自觉的审美意识和高尚的审美情趣,培养审美感知和创造表现的能力;语言文字的运用体现时代的发展状况和人的文化修养,语文课程应该引导学生自觉传承中华优秀传统文化和革命文化,吸收世界各民族文化精华,积极参与中国特色社会主义先进文化的建设与传播。①

2. 语文核心素养凝练与语文课程结构及内容设计

语文核心素养的凝练深刻展现了语文课程的育人本质。为有效落实语文核心素养,语文课程在结构和内容设计上进行了新的调整。明确这些调整及其背后的理念,对解读语文课程基本理念 2 至关重要。

2017 版课程标准修订,把语文核心素养凝练为四个方面,即:语言建构与运用、思维发展与提升、审美鉴赏与创造、文化传承与理解。这四个方面的具体内容是互相关联的。语言建构与运用是语文课程独有的。要使学生在学习语言文字运用的过程中,加深对祖国语文的理解与热爱,建构语言运用机制,增进语文学养,努力学会正确、熟练、有效地运用祖国语言文字。其他三个方面都与语言文字的运用有关,要在发展语言文字运用能力的同时推进思维机制的发展,提高思辨能力,增强思维的严密性、深刻性和批判性;要激励学生在语文和其他学科的学习中,以及在生活中,坚持对美的追求,培养自觉的审美意识和高尚的审美情趣;要使学生在

---

① 中华人民共和国教育部:《普通高中语文课程标准(2017 年版 2020 年修订)》,人民教育出版社,2020年。

语文课程中进一步理解和尊重文化多样性,关注当代文化,学习对文化现象的剖析,积极参与先进文化的传播。语文核心素养凝练为四个方面,这样明确的概括是第一次,对语文教学各个方面都有直接的指导作用。

凝练学科核心素养是课程标准修订的普遍要求,语文课程,作为学习祖国语言文字运用的综合性、实践性课程,在落实立德树人的总目标下,承载着与其特质密切相关的教育使命。基于此,语文课程结构及内容设计,就要求教育学生继承和弘扬中华优秀传统文化,培育和践行社会主义核心价值观,增强民族自尊心,提升文化自觉和文化自信,培养热爱中华文明、热爱祖国、热爱人民、热爱中国共产党的深厚感情,以及热爱美好生活和奋发向上的人生态度,增强学生为中华民族伟大复兴而努力的历史使命感和社会责任感,这些目标的实现需依托语文课的特质与功能。[1]

三、解读基本理念3

1. 关于基本理念3

加强实践性,促进学生语文学习方式的转变。

语文课程作为一门实践性课程,应着力在语文实践中培养学生的语言文字运用能力。学习运用祖国语言文字的资源和实践机会无处不在,应增强学生学语文、用语文的自觉意识,积极利用信息技术以及身边的各种资源和机会,通过阅读与鉴赏、表达与交流、梳理与探究等语文实践,积累言语经验,把握语文运用的规律,学会语文运用的方法,有效地提高语文能力,并在学习语言文字运用的过程中促进方法、习惯及情感、态度与价值观的综合发展。

语文课程还应当适应当代社会的发展需要,为培养创新人才发挥重要作用。要引导学生在语言文字运用的过程中发现问题,培养探究意识和发现问题的敏感性,探求解决问题和语言表达的创新途径。[2]

---

[1] 中华人民共和国教育部:《普通高中语文课程标准(2017年版2020年修订)》,人民教育出版社,2020年。

[2] 中华人民共和国教育部:《普通高中语文课程标准(2017年版2020年修订)》,人民教育出版社,2020年。

2. 加强实践性 关注"学习任务群"

加强实践性,需要在促进学生语文学习方式的转变上下功夫,这其中的关键便是"学习任务群"。

"学习任务群"是 2017 版课程标准修订提出的组织课程的综合方法。它涵盖了学生生活、学习和日后工作需要的各种语言活动类型,旨在培养学生的语言运用基础能力,并关注跨文化、跨媒介等语言文字运用新视角、新手段,以及自主、合作、探究等学习方式。"学习任务群"是将国外教学先进经验中国化的一种创造,是新修订的语文课程标准的一个亮点。它吸取了十余年来优秀教师成功的创造性实践,它体现了课程标准修订的主要精神。

"学习任务群"强化了学生的自主学习,充分体现了语文课程的实践性。明确语文核心素养后,教学设计须以学生为主体。为体现教育现代化的要求,"学习任务群"改变了传统的单元课文呈现方式和大量讲解分析的教学模式,通过语文学习活动落实社会主义核心价值观的导引。这种转变鼓励学生探索个性化的学习方法,根据个人兴趣和特长选择学习内容和学习方式,从而有效提升语文核心素养、实践能力和创新能力。尽管这种教学模式对教师提出了更高要求,增加了教学组织和实施的难度,但它是语文改革的必经之路。基于前期实践基础,教师需要不断提升自我,坚持下去,必将进一步增强语文课程的实践性,推动语文教学向更加现代化、高效化的方向发展。

"学习任务群"要求在真实情境下,围绕与语文核心素养生成、发展、提升相关的人文主题,组织学习资源并设计多样的学习任务。这些任务要求学生通过阅读与鉴赏、表达与交流、梳理与探究等自主活动,亲身体验环境,完成任务,从而发展个性,增长思维能力,并形成理解和应用系统。这种有人文主题的任务群,是在学校课程总体设计和实施的环境下,由学校和教师组织并有计划地引导完成的。它与过去的教学模式有内在的区别——课程中包含文本,但不以文本为纲;涉及知识,但不求知识的系统与完备;包含训练,但不将训练视为纯技巧进行分解训练;注重师生互动,但教师是组织者,学生是主体。

"学习任务群"分布于高中三个年级的三类课程(必修、选择性必修、选修)中,旨在最大限度地促进核心素养的养成和增强。课程标准明确了"整本书阅读与研讨""跨媒介阅读与交流""语言积累、梳理与探究""文学阅读与写作""中华传统文化经典研习""中国革命传统作品研习""中国现当代作家作品研习""外国作家作品研习"等。这些任务群有的分别设置于三类课程中,有的则贯穿整个高中阶段;有的单独构成教学单元,有的则可围绕同一个主题整合不同任务群来实施。

18个学习任务群组成一个横向联系、纵向递进的课程系统,并明确了各任务群所占课时的比例,同时对中华优秀传统文化、革命文化、社会主义先进文化内容的比例做了必要的规定。这一设计增强了语文教学的科学性,避免了课程实施中的随意性,语文课程依据这些学习任务和相关目标进行教学与评价设计,并据此开展学习活动。

四、解读基本理念4

1. 关于基本理念4

注重时代性,构建开放、多样、有序的语文课程。

普通高中语文课程应适应社会对人才的多样化需求和学生对语文教育的不同期待,精选学习内容,变革学习方式,确保全体学生都获得必备的语文素养;帮助学生认识自己语文学习的已有基础、发展需求和方向,激发学习兴趣和潜能,在跨文化、跨媒介的语文实践中开阔视野,在更宽广的选择空间发展各自的语文特长和个性。

普通高中语文课程应具有相对稳定的结构和富有弹性的实施机制。应在课程标准的指导下,提高教师水平,发展教师特长,引导教师开发语文课程资源,有选择地、创造性地实施课程;把握信息时代新特点,积极利用新技术、新手段,建设开放、多样、有序的语文课程体系,使学生语文素养的发展与提升能适应社会进步新形势的需要。①

---

① 中华人民共和国教育部:《普通高中语文课程标准(2017年版2020年修订)》,人民教育出版社,2020年。

2.注重时代性 阅读素养适应新形势需要

注重时代性与构建开放、多样、有序的语文课程,其中的交点在哪里? 对这一问题的思考是解读基本理念 4 的切入点,而"整本书阅读"正是这一交点的聚焦所在。

互联网环境下,语文学习容易走向实用主义甚至功利主义,往往是浅尝辄止、断章取义地截取片段信息。强调阅读整本书,正是针对以上语文学习的这种现象。新时代需要适应新形势,需要培养善于深入思考、具有创造思维的人才,需要养成良好的阅读习惯、学会全面归纳论点、辨析是非真伪。因此,我们要注重时代性,构建开放、多样、有序的课程,要通过培育阅读素养来适应新形势需要。强调"整本书阅读",通过这一方式,学生可积累阅读整本书的经验,探索有效的阅读方法,深入理解并把握文本内容。同时学习前人的阅读经验,根据阅读目的灵活运用精读、略读与浏览的方法,能够提升运用语言的能力,加深思想深度,并学会在大量的文本中筛选和吸取信息。这对于适应新形势下的阅读需求,提升阅读素养具有显著益处。

在学习任务群中,有"整本书阅读与研讨"这一内容,"整本书阅读"并不是2017 版普通高中语文课程标准修订首先提出来的。整本书阅读,作为一种阅读策略,在义务教育阶段的课外阅读中已经提出,在语文课中如何指导整本书阅读,也积累了一些成功的经验。2017 版普通高中语文课程标准中把"整本书阅读与研讨"设计为一个任务群,可以单独设置单元,也可以贯穿在其他任务群里实施,比之已经在课外阅读中提出的、作为阅读策略的整本书阅读,做法上有所突破,并有着更为明确的目的。

语文课程标准规定了"整本书阅读与研讨"的内容、目标和教学提示。其中特别提出应以学生利用课内外时间自主阅读、撰写笔记、交流讨论为主,不以教师的讲解代替或限制学生的阅读与思考。构建开放、多样、有序的语文课程体系,教师的主要任务是提出专题学习目标,组织学习活动,引导学生深入思考、讨论与交流。教师应以自己的阅读经验,平等地参与交流讨论,解答学生的疑惑,这对教师的指导提出了很高的要求。教师要积极开发语文课程资源,帮助学生挑选优质书籍,并且自身也要深入阅读所选书籍。同时,教师应关注学生的读书习惯和兴趣,以确保达到课程标准的相关要求。

第三节　语文课程的基本特征与基本模式

一、语文课程的基本特征

1. 立德树人:突出文化教育的重要地位

立德树人,坚持语文课程学科内容与育人目标相融合的改革方向,突出落实立德树人根本任务,充分体现社会主义核心价值观,加强中华优秀传统文化、革命文化和社会主义先进文化的教育。

突出文化教育的重要地位是2017版课程标准(新课标)修订的重点之一,不仅在语文课标里提出来,还要求学科结合自身特点,丰富充实加强中华优秀传统文化教育的相关内容。新课标指出,抓住语文课程对继承和弘扬文化、培养文化自信、推动文化创新发展的优势,加强学生对中华优秀传统文化、革命文化、社会主义先进文化的深入学习和思考,形成正确的世界观、人生观和价值观,从而充分发挥语文课程的育人功能,达到立德树人,增强文化自信的目标。

2. 凝练核心素养:形成的正确价值观、必备品格和关键能力

语文课程标准实验稿早已将"语文素养"列入核心概念,但是"语文素养"虽有外显的表现,更多的则是一种内隐的品质,语文核心素养究竟是什么,需要我们进一步提炼归纳,以便把握。新版课标在旧版课标的语文素养的基础上,进一步凝练了语文学科核心素养,并将高中学生核心素养的培养目标落实到语文课程中。新课标明确指出,语文学科核心素养是学生在积极的语言实践活动中积累与构建起来,并在真实的语言运用情境中表现出来的语言能力及其品质;是学生在语文学习

中获得的语言知识与语言能力,思维方法与思维品质,情感、态度与价值观的综合体现。

新课标把语文学科核心素养凝练整合为四个方面:语言建构与运用、思维发展与提升、审美鉴赏与创造、文化传承与理解。这四者不是独立的存在,它们之间是相互联系的。其中,语言建构与运用是语文学科所特有的核心素养,同时也是其他三项核心素养的基础。新课标指出:语言是重要的交际工具,也是重要的思维工具;语言的发展与思维的发展相互依存,相辅相成。语言文字是文化的载体,又是文化的重要组成部分,学习语言文字的过程也是文化获得的过程;语言文字作品是人类重要的审美对象,语文学习也是学生审美能力和审美品质发展的重要途径;语言建构与运用是语文学科核心素养的基础,在语文课程中,学生的思维发展与提升、审美鉴赏与创造、文化传承与理解,都是以语言的建构与运用为基础,并在学生个体言语经验发展过程中得以实现的。

语文学科核心素养是学科育人价值的集中体现,是学生通过学科学习而逐步形成的正确价值观念、必备品格和关键能力。语文学科核心素养的四个方面是一个整体。①

3. 工具性与人文性统一

在总结概括语文核心素养的基础上,需明确提出语文课程的特质,并准确把握语文课程在基础教育中的定位。经过实验,语文课程"工具性与人文性统一"的特点已得到进一步证实。因此,应摆脱语文课程技术主义、知识本位、文本为纲等片面的做法。

语文课程的性质曾引发长期争论,但随着课程功能由单纯传授知识的"知识本位"向促进人的全面协调发展的"以人为本"的转变,现在普遍达成共识:语文课程是工具性与人文性的统一。相应地,素养型目标也体现这一统一性。

---

① 中华人民共和国教育部:《普通高中语文课程标准(2017 年版 2020 年修订)》,人民教育出版社,2020年。

关于课程特征工具性的一面。语言文字是人类最重要的交际工具和信息载体,语言文字运用包括生活、工作和学习中的听说读写活动以及文学活动,存在于人类社会的各个领域。[①] 普通高中阶段的语文课程,应使全体学生在义务教育的基础上进一步提升语文素养,能在生活、学习和工作中正确、熟练、有效地运用祖国语言文字。如上表述中,我们看到了语文课程工具性的一面。语言文字是最重要的交际工具和信息载体,语文课程作为实践性课程,要让学习者在学习之后拥有正确、熟练、有效运用祖国语言文字的能力。课程性质的表述鲜明地突出了语文课程的工具性特征。因此,在依据课程性质制订的课程目标的表述中,我们可以清晰地看到课程目标工具性的存在,学习者要在语文学科核心素养上有所发展的前提是基于阅读与鉴赏、表达与交流、梳理与探究的语文学习活动。所有具体的语文学习活动,首先都是语言文字这一交际工具作用的基础体现。课程目标的 12 条具体内容,包括语言积累与建构,语言表达与交流,语言梳理与整合,增强形象思维能力,发展逻辑思维,提升思维品质,增进对祖国语言文字的美感体验,鉴赏文学作品,美的表达与创造,传承中华文化,理解多样文化,关注、参与当代文化,都呈现了语文课程工具性这一特质,每一条课程目标的实现都依托于语言文字的具体运用,这些运用体现了语言文字作为工具在实践中的课程价值和期待。

关于课程特征的人文性方面,语文课程旨在促进人的全面发展。因此,《普通高中语文课程标准(2017 年版 2020 年修订)》在课程性质的阐述中,既界定了课程的工具性,也明确了课程的人文性。语言文字不仅是人类最重要的交际工具和信息载体,也是人类文化的重要组成部分。语文课程是一门学习语言文字运用的综合性课程,[②]普通高中阶段的语文课程,应使全体学习者形成良好的思想道德修养和科学人文修养,为他们的终身学习和个性发展奠定基础,为传承和发展中华文

---

① 中华人民共和国教育部:《普通高中语文课程标准(2017 年版 2020 年修订)》,人民教育出版社,2020年。

② 中华人民共和国教育部:《普通高中语文课程标准(2017 年版 2020 年修订)》,人民教育出版社,2020年。

化、增强民族凝聚力和创造力发挥应有的作用。这样的课程表述虽然有其工具性（作用）的一面，但内容已经远超工具性质而进入人文领域。课程目标的 12 条具体内容的最终指向是"以人为本"的课程蓝图，都有人文性的具体体现，即便是在语言建构与运用这样的工具性表述中，最终目标也是促使学习者形成良好的语感，理解、探索并掌握汉语言文字运用的基本规律。良好的语感就已经超越了课程目标的工具性，开始体现语言文字作为文化载体的人文特质，为学习者更进一步的审美体验、思维发展和文化传承奠定最初的人文基础。同理，我们在课程目标的其他具体内容中也可以看到课程目标的人文性表现。

从上面的分析中，我们应该意识到，语文课程是工具性与人文性的统一。需要指出的是"工具性与人文性的统一"，而非"工具性与人文性相统一"，二者表述虽一字之差，但意思相去甚远。前者是说二者本为一体，后者只是强调二者简单相加。这可以形象表述为语文课程工具性与人文性的统一就像硬币的一体两面，但它们的统一比一枚硬币的一体两面更复杂，既不能彼此分开，又彼此联结融合，形成我中有你、你中有我的课程事实。而且这种事实普遍存在于课程目标表述中。我们以课程目标第 8 条"鉴赏文学作品"举例说明，"感受和体验文学作品的语言、形象和情感之美……"在审美层面上，这自然是人文的，但它明明又是工具的。工具性不仅在于感受和体验的目的，更在于达到人文层面完全依靠语言这个工具。而在"用语言体验"与"感受语言"之间，这个既复杂又简单的语言实践活动，让我们看到了课程特征中工具性与人文性彼此联结、互相融合的奇妙图景。

二、语文课程的基本模式

我国语文课程（教学）的基本模式经历了几次重大转型。20 世纪以前，语文课程的基本模式是"经典范例——诵习"，主要侧重于对经典文献的学习和背诵。从《马氏文通》发表开始至 20 世纪 50 年代，在保持文选教学方式的基础上，语文课程积极探索"知识——传授"的教学系统。在探索"知识——传授"教学系统的过程中，又逐渐融入"能力——训练"的思路，到 20 世纪 80 年代末 90 年代初"能力——

训练"型教学系统逐步形成,强调对学生语文能力的培养和训练。进入21世纪,新课程改革提出了语文素养这一核心概念,进而形成了"语文素养——养成"型课程模式,标志着语文教育的又一次转型。现在,虽然"语文素养——养成"型课程模式没有本质上的变化,但近年来随着课程标准的更新,又提出了核心素养的概念。如果在课程实施过程中,能精准地按照课程目标的12条具体内容进行课程实践,那么核心素养的养成就会得以落实,进而形成学习者高品质的语文素养。因此,我们也可以将"语文素养——养成"型课程模式视为"核心素养——形成"型课程模式以更好地体现当前语文教学的目标和要求。

在语文课程转型的历程中,我们见证了从"经典范例——诵习"到"知识——传授",再到"能力——训练",进而到"语文素养——养成",直至现今"核心素养——形成"的逐步演变,这一系列的转型并不是排斥前一次模式,而是代表我们对课程性质、功能和使命理解的日益深化。在素养型目标的指引下,语文学习愈发注重学习者的学习历程,我们期望学习者能始终保持强烈的求知愿望和浓厚的学习兴趣,主动积极地去探究、去思考,使学习过程充满探究和成功的愉悦。本次课程标准修订,高度关注课程实施方式,强调语文课程实施过程中的实践性活动和情境创设。在这样的学习过程和方法下,学习者不仅可以有效获取知识,还能获得良好的学习体验,保持身心健康,同时在情感态度与价值观等方面实现相应的发展。[①] 值得一提的是,语文学科核心素养是一个整体,素养型目标同样如此,正如工具性与人文性如硬币的一体两面,且更加融合。素养型目标的内涵是"知识与技能""过程与方法""情感态度与价值观"的有机融合与统一。

---

① 彭赣清:《整合资源 注重体验——对高中语文传统文化经典阅读教学的一些思考和实践》,《语文月刊》2019 年第 4 期。

第四节　语文教学改革的发展趋势

2017 版普通高中语文课程标准的修订，带来了迅速发展的新形势，并直面党和国家对语文教学改革提出的更高要求，因此改革力度显著。在此次修订中，语文教学改革的发展趋势成为教材编写、教学实施和评价过程中的核心关注点。

一、融汇整合 把握课程定位

语文课程是一门学习语言文字运用的综合性、实践性课程，"学习语言文字运用""实践性""综合性"是语文课程实施不可偏离的关键点。"语言建构与运用"是语文核心素养的基础，思维、审美、文化的教育应该和它融合在一起。社会发展对人才培养提出了新的要求，培养具有创新意识与批判思维、跨学科视角解决问题、团队合作等核心素养的人才成为各国教育改革关注的核心要点。[1] 因此，以核心素养为取向的世界基础教育课程改革成为大势所趋。

我国基础教育和高等教育阶段学生核心素养方面的研究成果指出，学习者应具备在特定情境中综合运用知识、技能和态度解决问题的关键能力和必备品格。[2] 值得关注的是，在教育发展不均衡、应试教育积重难返的情况下，如何直面教育教学实践中存在的现实问题，探索教学变革的发展方向与实践路径，积极推进核心素养的培育，成为中学课程与教学改革的关键。

在真实的生活情境中，学习者面对的问题往往复杂而多样，他们需要从不同视角出发，综合运用自身所掌握的各种能力，以实现问题的有效解决。这一本质特性对课程与教学目标的设定提出了新的要求。一般来讲，教育教学目标是教育工作、教学设计的起点，是促进学习者能力发展的重要指引。为保证目标与教学效果的

---

① 林崇德：《学生发展核心素养：面向未来应该培养怎样的人》，《中国教育学刊》，2016 年第 6 期。
② 张华：《论核心素养的内涵》，《全球教育展望》2016 年第 4 期。

一致性,以及目标自身的可测量性,传统教育教学目标的设置呈现出精确性与分解性特征。一直以来,三维目标作为对个体能力发展的多向度解读,在理论上能够体现综合发展学生学科能力的教学方向,但在实践过程中,尤其是具体的课堂教学中,教师难以在不同维度的目标之间建立联系,更难以针对三维教学目标选取恰当的教学方式,往往只能针对单一的目标要素机械地进行学科能力点的训练。这种实践方式架空了部分内隐性、抽象性较强的目标,将学科能力发展等同于知识灌输和技能训练,使三维目标呈现分解割裂的状态。① 同时,现实情况表明,“知识中心”和“课时中心”二者紧密关联且深刻影响着教育教学的实践。事实证明,重碎片化知识、轻综合性能力的课程以及教学无法有效促进学生核心素养的发展。当面对复杂的、深入的、没有确定性答案的、很难找到唯一路径的问题,学生大多茫然和无奈且束手无策。

在这次高中课程标准修订过程中,核心素养取向的课程目标致力于将原有碎片化状态的知识、能力、训练目标转变为一个综合的整体。因此,核心素养必然要求对三维目标进行综合和整合,力促其呈现共生、并进、交融的形态,学生建构知识的过程,也是能力发展、经验形成和反省内化方法的过程。在这个过程中,学生基于兴趣的真实学习动机得到开发,情感被充分调动,学习态度、生活态度潜移默化地受到积极影响,从而树立对自我、同伴、社会、未来健康生活的价值观念。

语文学科核心素养主要包括“语言建构与运用”“思维发展与提升”“审美鉴赏与创造”“文化传承与理解”四个方面。在语文实践中这四个方面往往是同时发生的,无法单独或逐一地进行培养。因此,核心素养如何转化为切实可行的教学目标,是教育实践者面临的新挑战。教师在教学目标的内容选择和设计策略上需要做出相应的革新和突破,学校的课程设置也应为教师提供必要的保障。

同时,在课程与教学目标的内容选择方面,教师要充分重视学科教学活动的育人功能。对于身心不断发展的青少年来讲,学习和生活不是对立的两面,教育者要

---

① 张怡颖:《“守正创新”背景下的〈祝福〉教学研究》,硕士学位论文,华中师范大学,2020 年。

让学习者逐渐认识到智力发展和人格发展是不可分割的整体,人格健全了智力发展才有意义,人生追求才有价值。学科教学活动固然有其教授学科知识、引导学生运用学科特有的思想方法分析和解决问题的专属目标,更有其超学科、跨学科的共同价值目标。

二、强调阅读　坚持价值导向

强调阅读,坚持价值导向,秉持语文课程工具性和人文性的统一,要用恰当的方法将立德树人、社会主义核心价值观以及文化自信贯穿语文课程实施的全过程。要坚持语文学习的基本方法,注重读书思考、积累梳理和运用实践,促使语文核心素养得到综合发展。就核心素养而言,围绕我国普通中学进一步深化课程改革所提出的"学科核心素养"和"学生发展核心素养"理念,借助多领域的阅读,全面提升中学生人文底蕴、科学精神、学会学习、健康生活、责任担当、实践创新等跨学科核心素养,将立德树人的要求落到实处,为学生的终身发展奠定基础。

强调阅读,坚持价值导向,在基本学习方法方面,需特别关注"有效阅读"。例如:如何让阅读真正成为一种行动,而不是停留在书目上;如何扩大学生的阅读量,培养读书习惯;如何让学生的阅读行为有效发生,让学生主动地去学习,特别是在经典作品和学生的生活经验中间搭建起一座桥梁,让学习者能够带着兴趣进入到阅读中,以及如何让学生拥有多样化的学习体验。"有效阅读"可以使读书转化为任务驱动式的阅读活动,既可以供学生自主阅读,也可以对接学校课程教学。学校课程教学在选择阅读内容时,应重视民族优秀文化传统与历史积淀,同时根据社会与时代要求,增加社会科学、自然科学等领域文章比重,目的是指向实践能力的培养与个人素养的发展,为学生未来的成长精选阅读素材。

强调阅读,坚持价值导向,强调为中国未来而读。体现核心价值,培育现代公民,倡导问题驱动,关注当下生活,立足开放多元,践行"立体阅读"。具体而言:一要注意从真实生活情景、从学生的认知水平出发,构建真实的阅读活动,注重高位引领、激发兴趣,兼顾阅读趣味,通过阅读引导学生深入思考。二要积极拓展阅读领域。语文之大,不仅关乎语言、文字、文学,阅读更不是局限于狭义的语文,除文学外,还应关注历史、哲学、社会、艺术、科学、博物等领域的文章,聚焦各领域核心问题,通过丰富、适切的阅读打开广阔的视野。三要立足于动态的"行动"观念,关注阅读综合解决方案,如阅读指导、学习活动设计、交流拓展等,避免阅读资源陷于"不可行"的尴尬境地。四要为学生解决自身语言生活问题,引导学生读写结合,主动探究,从传统读物的文本中心走向任务中心、活动中心、情境中心,让阅读能够真实发生。

三、整合学习任务 紧抓语文实践

提高学生语文核心素养的根本途径是语文实践。普通高中语文课程的实施把追求语言、技能、知识和思想情感、文化修养等多方面、多层次目标发展的任务,通过情境化、结构化的设计,组合成"群",争取教学成效的最大化,实现核心素养的有效提升。

整合学习任务、紧抓语文实践,强调了从单向传递到建构分享。进入 21 世纪以来,课堂教学的实际状态发生了较大改变,但从备受批评的"满堂灌"到"满堂问"再到"满堂转"(小组讨论),似乎都与人们的预期相差甚远。照本宣科、枯燥乏味地讲授肯定不利于学生对知识进行自主建构,即使教师精心备课并声情并茂地用讲授法授课,表面看课堂变得生动活泼,但这样的教学在很多情况下依然是从教师的问题到教师的答案,没有改变学生被动接受知识的事实。随着课程改革的推进,人们大力倡导自主、合作、探究的教学方式,教师开始以把问题抛给学生去解决为"自主",以课上小组讨论为"合作",以补充若干文献材料让学生归纳分析为"探究",但最终还是回到预设的答案上来,也没有通过变革教学方式真正培养学生批判性思维和创造性思维能力,遑论动手实践能力和创新精神的培养。因此,聚焦任务、开展实践,是指向于建构分享。这样的语文学习活动是倡导学生在教科书和教师引领下,进行的自主的语言文字运用实践,同时,语文学习活动内容应该紧扣语言文字运用的"群"任务和语文核心素养。

整合学习任务、紧抓语文实践，强调了教学的实践取向。自主实践活动是培育学生核心素养的有效途径。实践活动具有综合性，是每个人思维活动、情感活动和交际行为的同步与统一，符合素养形成的整体性特征；实践活动具有发展性，学生在进行活动的过程中，即从已有的经验出发，不断地重构和丰富自己的经验；实践活动具有情境性，实践者必然受其自身的文化背景、个体经验和具体、特定的活动情境及条件的影响，在情境中分析问题和解决问题，以避免知识符号化、概念化。因此，教师应突出和强调教学的实践取向，从根本上提升学习质量，培养学生的核心素养。

整合学习任务、紧抓语文实践，想要从教学实践层面实现路径突破以体现实践取向，可从课堂权力下放与倡导任务驱动式学习两个层面展开。首先，要摆脱以教师为中心的观念，尊重学生作为学习者应有的权益，在实践中应赋予学生一定程度的决策权和选择权。让每个学生都能够参与学习方案的制订和学习活动的组织，最大限度地选择自己感兴趣的学习内容，从自身的实际情况出发逐步探究未知领域。在探究活动中，学生可以根据自身的能力水平和实际需要选择学习方法，自主安排学习进度，并用擅长的方式表达和展示学习结果。其次，任务驱动是学生实践活动的支点，学习探究的过程必然伴随着任务驱动。教师可视其大小难易，任务可以是专题本身，即研究一个小课题；也可以作为研究专题的有机组成部分，循序渐进地分布于专题探究的过程之中。以语文专题教学为例，每一个语文专题的探究都伴随着多样化的学习任务，如阅读任务、提出问题任务、鉴赏任务、调查任务、写作任务、汇报任务等。这些任务根据教与学的实际需求分布于不同的学习阶段之中，对于明确学生学习的目标和方向，激发学生学习的兴趣和热情，增加学生的学习的难度，帮助学生获得学习的体验和反思，都会起到积极的促进作用。①

综上，学生在情境中探究实践、完成任务的过程，是建构知识的过程，也是学习成果形成的过程。基础教育阶段的教学目标应围绕学生这一需要全面和充分发展

---

① 李煜晖、郑国民：《核心素养视域下的中小学课堂教学变革》，《教育研究》2018 年第 2 期。

的生命整体来设定,要重视学习与生活的关系、学生与同伴的关系、当前需求和未来发展的关系。就学习者自身而言,学习行为是学习者大脑各部分共同参与、协同作用的结果。教学目标应充分关注学习者耳、眼、口、心、手等各种器官功能的开发,促进大脑不同区域的交互作用和协调发展,尤其要注重运用这些器官功能解决现实生活中的实际问题,鼓励学生在解决问题的过程中进行独立思考和价值判断。对学习者群体而言,学习者不是孤立地、单枪匹马地学习,教育者应让他们在一个关系良好、气氛融洽的社群性组织中学习。除教师外,同伴之间的交流、沟通、分享、合作也是一项重要的学习活动。根据学习共同体的观念,学生正是在同伴交往中完成了对未来社会生活、社会关系的预演,这种预演对人格发展和未来良好社会关系的形成发挥着重要作用。

通过语文实践,任务驱动下的学习成果为学科学习留下了过程足迹,成果的数量和质量为表现性评价的实施提供了有力的支撑。更为重要的是,学习成果离不开同伴之间的合作,成果本身更需要及时交流和分享,从而倒逼课堂教学无法依赖教师的单向传递来实现,加速了班级组织向学习共同体的迈进,促成了课堂向实践取向的转型。

四、做好探究、创新的教育

语文课程要从学生实际出发,引导学生探究、创新,紧扣语文课程的目标,从贴近学生的课程内容和现实生活入手,培养探究意识、创新思维和敏锐发现问题的能力,探索解决问题的思路,在探究、创新中培养严谨求实的学风和教风。

做好探究创新,从全面覆盖到典型取向。随着互联网技术的迅速发展,人们能够及时获取海量信息与数据,所以知识的获取已不再是少数人的特权,更不是教育的终极目标。取而代之的是更为关注学习者如何获取知识,获取怎样的知识,以及对所获取的知识与信息如何进行重塑与改造,使之能够有效地运用到现实生活中。因此,基于核心素养的课程改革不再追求面面俱到的结论性知识,转而强调"关键少数"的重要作用,即通过关键少数的突破和发展带动学生综合能力的整体提升。[①] 这种"少即是多"的课程组织原则具体到课堂教学,必然在学习内容和学习过程上呈现出"典型取向",即通过典型内容的学习,使学生经历典型的探究过程,尝试典型的学习方法与策略,获得典型的情感体验,最终达成素养的显著提升。

在 2017 版课程标准的修订中,对课程内容及结构进行了较大幅度的改革,"典型取向"呈现出从追求全面覆盖向选取典型内容转型的趋势。语文学科根据语义核心素养生成、发展、提升的需要,将阅读与鉴赏、表达与交流、积累与整合等所有内容有机结合起来,整合为 18 个学习任务群,并将其作为与语文素养直接结合的轴心,以落实课程目标。每个学习任务群由不同类型的专题组成,专题选用的言语材料以优秀的典范材料为主,不追求覆盖文学史、文化史或思想史。选择与语用直接相关、对文本理解直接关联并指向语文素养形成的语言规律,不追求覆盖现代汉语、古代汉语或普通语言学的全面知识体系。语言知识的结构化则通过学生在语文实践活动中的自主发现、梳理与建构来实现。

而对于"典型取向"如何实施,则体现为"学习任务群"如何落实。关于学习任务群,其实施需要注意的首要问题是"任务"和"活动"。新课标所说的"活动",指的是语文学习活动,也就是"阅读与鉴赏""表达与交流""梳理与探究",而"任务"就是让学生将以上内容综合在一起解决课程设置的问题。这样的任务与活动,主要是在课堂上由教师组织和引导着来完成的。语文课堂教学的形式并没有发生外部的变化,只是在内涵上更多地体现出学生的主动性。与教师的灌输不同,学生运用自己的智慧,寻找合适的方法,采用多种有效的形式,通过实践去解决问题,由此积累语言文字运用的经验,增进语文能力,提高语文素养。只有在个人读写的基础上,才能充分体现合作,这样才能体现学习者的个性,活动与有效性才能得到充分衔接。因此,要保证学生自主学习的有效性,活动首先一定是语文活动,落脚点一定要在语言文字上,最后要回到语文素养上。有些"任务"和"活动"注重形式,忽

---

① 褚宏启、张咏梅、田一:《我国学生的核心素养及其培养》,《中小学管理》2015 年第 9 期。

略了内容,注重手段,忽略了目标,如果这个问题不解决好,学习任务群就会呈现一种学生不好好念书,都出去做活动的浮躁表象。学习任务群要用学生感兴趣的话题和有意义的讨论解决学生不喜欢读书的问题,不能因迁就学生不喜欢读书而去搞与语文关系不大的课外活动。如果每一个任务群都以课外活动为主,不仅教师的指导无法实现,还会影响其他课程以及整个教学的全面运转。

做好探究创新,从重复低效到问题探究。需要强调的是,在基础教育年限和课程总时长不变的情况下,减少学习内容的同时要注意提高学习过程的质量。教师要善于将过去重复低效、令学生乏味厌倦的学习投入引向对典型内容的深度探究,使学生获得发现的乐趣、探索的愉悦、深刻的理解和取得学习成果后的自我效能感。要想达成上述目标,关键在于问题探究。

问题探究式学习是经验取向的学习方式,需要学生能够对自己的学习经验进行不断反思。认知心理学与脑科学的研究成果表明,以问题为学习驱动力的学习过程能够达成四个层面的发展目标,即灵活性知识、有效解决问题的能力与自主监控能力、高效团队合作能力、内在学习能力。其中,自主监控学习能力是促进学习者未来核心素养发展的关键。借助探究性学习任务与问题,学习者能够自主监控与规划,有效控制问题解决的过程,并能够根据过程中产生的即时性问题进行调整,以及评估自己所选择的策略是否能达成既定目标。

在实际的教学实践中,问题探究应让学生经历一个产生怀疑、发现问题、提出问题(即用规范的语言凝练和表述问题)、分析和解决问题、总结方法与经验、形成新的研究问题的过程。目前教学的现实情况不容乐观,在课堂教学中的大多数问题都是教师发现并用自己的语言加以凝练后提出的,这就在问题探究活动之初抑制了学生的质疑精神和提问能力。在分析问题和解决问题的过程中,由于教师往往囿于"课时主义""效率观念"的影响,抛出的预设的答案会终止学生的思考。对于学生的异质性答案,如果采取"强制性说服""诱导式启发""筛选式提取"等方式会使问题解决的结果高度一致,势必会带来对学生思考的压制或漠视,表面上解决问题的过程变化多样,而学生解决问题的能力没有得到真正的提高。

同时，教学过程中总结问题解决方法，呈现一揽子所谓快餐式、高效化、标准化答题模版的方式，往往使得思考变成了对表入格，思维训练演变成条件反射，答案看起来标准统一，但学习者自身对问题解决方式的反省和思考没能加以训练，学习者习得的问题解决策略更难以在现实中加以应用。一些类型化、浅表化的答题模式或所谓标准答案，即使会带来一定程度的功利化成绩，但却极易消减学习者的兴趣，即使学习者对该问题兴趣浓厚，也因为时间限制而无法充分体会搜集材料、提炼观点、比较分析、综合归纳的研究过程，一旦学习者难以对问题形成深度理解，便无法在原有问题解决的基础上提出新的问题，进而对某一领域或现象进行持续的深度探索与钻研。

做好探究创新，从整齐划一到个性化发展。近些年，人们越来越认识到学生自主发展、个性化发展、创造性发展，是未来社会创新发展的动力源泉，这种整齐划一到个性化发展其主要导向是评价。但教育现实却让人扼腕叹息，不同教师面对的是不同学龄且个性各异的学生，标准化的评价工具难以呈现教学过程中学生真实的、动态的行为表现，更难以真实而全面地探究学生学业表现与外在影响因素的关系。当前现实的教学情境中，教师很难以发展的眼光整体评价学生长期学习的效果，多是截取孤立的横断面（如一节课、一个学段）进行评价。由于情感、态度与价值观的形成无法在短期内得到测量，因此只能侧重于对知识和技能的评价，评价标准单一僵化，使三维目标被割裂开来。从学生学习的视角来看，以大同小异的方式习得同样的知识和技能，并参加统一标准的平时测试和升学考试，没有展示个性和创造力的舞台，只能把分数、排名和升学作为学习的内在动机——把手段当目的、把结果当价值、把功利当信仰，逐渐内化为学习者自身的道德律令和生存法则，对学生的健康成长尤其是正确的世界观、人生观和价值观的形成造成了不良影响。

因此，做好探究创新，实现个性化发展，以核心素养培养为宗旨的学习评价，需更关注整体性评价，倡导多元化的评价主体，强调根据学习者的发展需求选取恰当的评价方式。首先，基于核心素养的学习评价并不强调知识结果的客观性与准确性，而是关注学习者在评价过程中的收获，以及是否能够在真实而富有意义的评价任务中展现自身的思维过程。其次,就评价主体而言,核心素养发展取向的课堂评价强调评价主体的多样化,即教师、学生、重要他人等都可以参与评价过程。换言之,课堂评价不局限于教师对学生学习结果的评价,还可以采用学生自我评价和学生个体间的互相评价、重要他人与学生的互动评价等方式。最后,评价的方式也从纸笔测试等单一形式的标准化测试转变为表现性评价、过程性评价等多种方式的结合。例如,项目式学习常常采用的一种方式就是设置真实而富有挑战的实践性任务,教师根据学生的实际表现给出评定,并通过访谈、文本分析的方式,给予学生质性的文字描述,最终提出有针对性的改进建议。

综上,就语文教学改革的发展趋势而言,基于核心素养的教育改革及其引发的课堂教学转型势在必行,但能否取得成功,有赖于教育行政体制的深化改革,尤其是教育管理与评价的变革。对教师群体而言,自觉肩负起时代和社会赋予的教育使命和责任担当,变革育人理念,提升课程开发能力、学术探究能力和组织领导能力,以开放多元的观念实施学生评价,向兼具课程设计师、学术顾问、实践活动引领者、评价专家等多种角色特征的"导师"形象转换,也必将为教师自身专业发展开辟一条新路。[1] 融汇整合,把握课程定位;强调阅读,坚持价值导向;整合学习任务,紧抓语文实践;做好探究、创新的教育。把握发展趋势,让语文教学在面向未来的教育中牟定改革方向,实现育人目标与价值。

---

[1] 李煜晖、郑国民:《核心素养视域下的中小学课堂教学变革》,《教育研究》2018 年第 2 期。

第三章

聚焦 2019

——聚焦综合改革：高中育人方式转变与语文教学改革

【章节说明】

2019 年度聚焦综合改革，特别关注"高中育人方式转变与语文教学改革"的要求。具体而言发挥课程育人的作用，结合育人导向与课程改革，探寻语文教学改革的路径和方法。应围绕新时代背景下的语文课程开展专题研究，引导语文教师立足课堂教学实际，落实教学目标并指导实践。本章围绕该年度主题，聚焦育人方式变革，关注热点难点问题及真实教学问题，推介有效教学案例，旨在提升教师教育教学实践技法和能力。

第一节 关于新时代推进
普通高中育人方式改革的指导意见

一、解读《关于新时代推进普通高中育人方式改革的指导意见》

2019 年 6 月 19 日,国务院办公厅印发了《关于新时代推进普通高中育人方式改革的指导意见》(以下简称《指导意见》)。这是新世纪以来,国务院办公厅针对普通高中教育改革的首个重要纲领性文件。

普通高中教育是国民教育体系的重要组成部分,在人才培养中起着承上启下的关键作用。《指导意见》的出台,对于办好普通高中教育,增强高中教育发展后劲,提高国民整体素质具有重要意义。

1. 出台背景

(1)党中央国务院对普通高中教育改革发展提出了新的要求

习近平总书记在全国教育大会上强调,要全面贯彻党的教育方针,培养德智体美劳全面发展的社会主义建设者和接班人,把立德树人融入思想道德教育、文化知识教育、社会实践教育各个环节,围绕立德树人设计教学体系、教材体系、管理体系等,并强调要促进普通高中多样化有特色发展,这为新时代推进普通高中教育改革指明了前进方向、提供了根本遵循。同时,中共中央办公厅、国务院办公厅下发的《关于深化教育体制机制改革的意见》明确提出要求,要研究制定出台相关的政策措施,推进普通高中育人方式改革。

(2)普通高中教育发展进入新阶段

新世纪以来,尤其是党的十八大以来,我国普通高中教育快速发展,普及水平显著提高,至 2018 年底高中阶段教育毛入学率已经达到 88.8%(普通高中和中等职业教育)。普通高中教育的整体办学水平得到逐步提升,现已进入注重内涵发展和提升质量的新阶段。然而,当前普通高中教育还存在着素质教育实施不够全面、片面应试教育倾向严重、唯分数唯升学率评价教育质量等突出问题,亟需通过改革育人方式来破解和应对。

(3)普通高中面临多维改革同步推进的繁重任务

普通高中教育正处于普及攻坚、课程改革和高考综合改革三大改革同步推进的关键时期。特别是高考综合改革,探索"两依据、一参考"的录取模式,对普通高中学生的选课走班、教学组织、综合素质评价等提出了新的要求,这些新任务迫切需要通过深化改革、着力破解当前面临的体制机制性障碍,确保各项改革能够有效衔接、协同推进。

2. 总体思路

总体思路为要坚持以习近平新时代中国特色社会主义思想为指导,深入贯彻党的十九大精神,全面落实全国教育大会部署,着力深化育人关键环节和重点领域改革,全面提高普通高中教育质量,具体来说,要做到"三个坚持"。坚持正确方向,全面贯彻党的教育方针。发展素质教育,努力培养德智体美劳全面发展的社会主义建设者和接班人。坚持改革创新,着力破解体制机制障碍。从育人体系、课程教学、学生指导、考试招生和条件保障等育人关键环节着手,健全机制、完善政策、明确要求,保障改革目标的如期实现。坚持统筹协调,注重各项改革的衔接。统筹高考综合改革,普通高中课程改革和普及高中阶段教育等各项改革发展任务,形成多方参与、协同推进的育人合力。

3. 主要目标:一个总体目标、六个具体目标

一个总体目标:到2022年,德智体美劳全面培养的育人体系进一步完善,立德树人落实机制进一步健全。

六个具体目标:普通高中新课程新教材全面实施;适应学生全面而有个性发展的教育教学改革深入推进;选课走班教学管理机制基本完善;科学的教育评价和考试招生制度基本建立;师资和办学条件得到有效保障;普通高中多样化有特色发展的格局基本形成。

这些目标深入贯彻了习近平总书记在全国教育大会上关于要构建德智体美劳全面培养体系的重要讲话精神,体现了新时代党的教育方针对人才培养的总体要求。它们的实现能够有效保障育人方式改革取得实效,促进学生全面而有个性的发展。

4. 主要任务和改革措施

(1)构建全面培养体系,主要包括四项内容:一是突出德育时代性。坚持把立德树人融入思想道德教育、文化知识教育、社会实践教育各环节。深入开展习近平新时代中国特色社会主义思想教育,强化理想信念教育。坚持育人为本,德育为先,进一步完善德育工作的体系。

二是强化综合素质培养。针对育人的薄弱环节,就改进科学文化教育、强化体育锻炼、加强美育工作、重视劳动教育等方面提出了目标措施和要求,着力增强学生的综合素质。

三是拓宽实践渠道。健全社会教育资源有效开发配置的政策体系,因地制宜打造学生社会实践大课堂,建设一批稳定的学生社会实践基地,定期组织开展学生志愿服务和实践体验活动。

四是完善综合素质评价。从城乡学校实际出发,完善综合素质评价内容和实施办法,强化对学生爱国情怀、遵纪守法、创新思维、体质达标、审美能力、劳动实践等方面的全面评价。

(2)优化课程实施:一个工作目标、两项具体措施。工作目标是结合推进高考综合改革,2022 年前全面实施新课程、使用新教材。

两项具体措施:一是健全新课程的实施机制。组织开展国家级示范性培训和校长教师的全员培训,切实做到新课程、新教材实施之前得到全面培训,切实加大对贫困地区和薄弱学校的支持力度。二是完善学校课程管理。加强课程实施监管和学分认定管理,落实好国家课程方案,确保开齐开足体育与健康、艺术、综合实践活动和理化生实验等课程。

(3)创新教学组织管理:一是有序推进选课走班。依据学科人才培养规律,高校招生专业选考科目要求和学生的兴趣特长,因地制宜、有序实施选课走班,满足不同学生发展需要。指导学校制定选课走班的指南,构建规范有序、科学高效的选课走班运行机制。

二是深化课堂教学改革。按照教学计划循序渐进开展教学,提高课堂教学效率,培养学生学习能力,促进学生系统掌握各学科基础知识、基本技能、基本方法,培养适应终身发展和社会发展需要的正确价值观念、必备品格和关键能力。转变教与学的方式,积极探索互动式、启发式、探究式、体验式等课堂教学方式,加强实验教学,推广应用优秀教学成果,推进信息技术与教育教学的深度融合,切实提高课堂教学质量。

三是优化教学管理。严格执行教学计划,落实市、县监管责任。针对抢赶教学进度,超课标教学,日常测试频繁和学生课业负担过重等问题,进一步完善教学管理规范。要求减少高中统考统测和日常考试,加强考试数据分析,引导改进教学。

(4)加强学生发展指导。针对高中学生从未成年向成年、初步选择未来发展方向的特殊阶段的特点,《指导意见》从三个方面提出了明确要求:一是注重指导实效,二是加强能力建设,三是健全指导机制。

(5)完善考试和招生制度。在总结高考综合改革试点经验的基础上,《指导意见》分别对加强和改进考试、命题与招生等工作提出了要求。一是规范学业水平考试,二是深化考试命题改革,三是稳步推进高校招生改革。特别是深化考试命题改革。在实施普通高中新课程的省份不再制定考试大纲,学业水平选择性考试和高等学校招生全国统一考试命题都要以国家普通高中课程标准和高校人才选拔要求为依据,促进教考有效衔接,防止简单的、片面地考什么就教什么学什么。同时从优化考试内容、创新试题形式、科学设置试题难度和加强命题能力建设等方面提出要求,推动提高命题水平。

(6)强化师资和条件保障。新课程实施和新高考综合改革对普通高中的师资保障和教学设施保障提出了严峻的挑战。所以这次指导意见把强化师资和条件保障作为一个重要方面予以强调。包括三个方面:一是加强教师队伍建设。健全师资补充和激励机制。加大编制统筹调配力度。完善普通高中绩效工资管理办法，在核定绩效工资总量时向普通高中予以适当倾斜，并指导学校进一步完善分配办法；二是改善学校校舍条件；三是完善经费投入机制。

（7）推进普通高中育人方式改革是一项非常复杂的系统工程，需要加强领导、多部门协同推进，为了保障改革的目标任务和措施落到实处，《指导意见》从坚持党的全面领导、明确部门分工、强化考核督导和营造良好环境等四个方面提出了明确要求，并特别强调国家要制定普通高中办学质量评价标准，完善质量监测办法，引导各地树立正确的政绩观和科学的教育质量观，完善对学校和教师的考核激励办法，促进普通高中教育持续健康发展，努力办好人民满意的教育。①

二、领略精神实质 把握具体工作要求

《指导意见》明确提出到 2022 年，德智体美劳全面培养体系进一步完善，立德树人落实机制进一步健全，科学的教育评价和考试招生制度基本建立，普通高中多样化有特色发展的格局基本形成。

培养什么人，是教育的首要问题。高中阶段是学生世界观、人生观、价值观形成的关键时期，也是综合素质全面培育的关键时期，更需要遵循教育规律，提升育人水平，以培养德智体美劳全面发展的社会主义建设者和接班人为目标。

1. 以全面育人扭转片面应试教育倾向

坚决扭转片面应试教育倾向是一个系统工程，需要标本兼治，持续深化育人关键环节和重点领域改革。《指导意见》对于构建全面培养体系、优化课程实施、创新教学组织管理、完善考试和招生制度等作出部署，并提出明确的落实措施，这对于在全社会树立科学的教育质量观、加快构建科学的教育评价体系等具有积极作用。

凝聚人心、完善人格、开发人力、培育人才、造福人民是教育工作的目的。改革

---

① 教育部：《教育部新闻发布会解读〈国务院办公厅关于新时代推进普通高中育人方式改革的指导意见〉》，http://www.gov.cn/xinwen/2019-06/20/content_5401960.htm，访问日期：2019 年 6 月 20 日。

方向和目标已经确立,必须坚定不移努力构建德智体美劳全面培养的教育体系,形成更高水平的人才培养体系,以更多有效的改革措施和全面育人的实效,把立德树人的目标落到实处。①

2. 完善德智体美劳全面培养的育人体系

立足培养担当民族复兴大任的时代新人,《指导意见》对普通高中教育改革进行了系统设计和全面部署。此次改革总体思路十分明确,具体来说,要做到坚持正确方向,全面贯彻党的教育方针;坚持改革创新,着力破解体制机制障碍;坚持统筹协调,注重各项改革的衔接。

(1)确立普通高中教育改革目标

到2022年,德智体美劳全面培养体系进一步完善,立德树人落实机制进一步健全。

普通高中新课程新教材全面实施,适应学生全面而有个性发展的教育教学改革深入推进,选课走班教学管理机制基本完善,科学的教育评价和考试招生制度基本建立,师资和办学条件得到有效保障,普通高中多样化有特色发展的格局基本形成。

(2)强调构建全面培养体系

《指导意见》强调构建全面培养体系,从突出德育时代性、强化综合素质培养、拓宽实践渠道、完善综合素质评价等方面提出要求。

普通高中教育非常重要的一项任务就是承担了为高等学校输送学生的重要使命。受高考指挥棒的影响,一些学校确实存在着"唯分数""唯升学"的问题。《指导意见》明确提出要深化育人关键环节和重要领域的改革,着力扭转片面应试教育倾向,同时也提出了相应的措施。落实好《指导意见》的要求和规定,需要在全社会树立科学的教育质量观,加快构建科学的教育评价体系,强化对学生综合素质的

---

① 新华网:《新华时评:以全面育人扭转片面应试教育倾向》,http://www.xinhuanet.com/politics/2019-06/20/c_1124650564.htm,访问日期:2019年6月20日。

培养。

在总结高考综合改革试点经验的基础上，《指导意见》分别对加强和改进考试、命题与招生等工作提出了要求。它提出省级统一组织实施的合格性考试应安排在学期末。高一学生参加考试的科目原则上不超过 4 科，高校招生录取所需学业水平考试科目实行选择性考试，考试内容为必修和选择性必修内容，由省级统一组织实施。

《指导意见》要求，有序推进选课走班，深化课堂教学改革，优化教学管理。严格执行教学计划，严禁超课标教学、抢赶教学进度和提前结束课程，严禁组织有偿补课，切实减轻学生过重课业负担。减少高中统考统测和日常考试，加强考试数据分析，认真做好反馈，引导改进教学。

《指导意见》明确了当前普通高中教育的改革发展趋势，也凸显了党和国家的人才培养要求，将促进高中教育从"应试"教育模式向"全面育人"教育方式转变；从以"升学"为目标向"升学与生涯辅导相结合"目标转变；从高中教育"分层发展"向"分层与分类相结合"方向转变。

（3）2022 年前全面实施新课程、使用新教材

《指导意见》提出了各省（区、市）要结合推进高考综合改革，制定普通高中新课程实施方案，到 2022 年前全面实施新课程、使用新教材。

2017 年，教育部颁布了新修订的普通高中课程方案和课程标准，目前已完成新教材的编写修订工作。此次修订不仅对内容进行了更新调整，同时对课程的结构也进行了优化，突出的重点之一就是满足学生多样化的学习需要和高考综合改革需要，课程的可选择性有所增加。在修订过程中，把立德树人的要求充分落实到课程教材当中，为强化课程教材的育人功能，提出了学业质量标准。[①]

三、深化高中语文育人方式改革

《指导意见》是改革开放以来，从国家层面而言，第一个关于普通高中教育发

---

① 新华网：《专家解读：关于新时代推进普通高中育人方式改革的指导意见》，http://www. xinhuanet. com/politics/2019-06/20/c_1124650606. htm，访问日期：2019 年 6 月 20 日。

展的纲领性文件,是有关普通高中教育发展的指导性文件,是推进普通高中教育跨越式发展的重要举措。

习近平总书记在党的十九大报告和全国教育大会上提出,国家要从人口大国迈向人力资源强国和人才强国。我国教育发展 70 年,变化突出,具有质的飞跃。2020 年,我国将实现高中教育大众化。从传统的延长学段,增加学历,提高学历层次,到育人方式的转变。《指导意见》提出了普通高中育人方式的改变,通过选课走班发现自我潜能,找到适合自己的成长路径,培养受教育者以自己的比较优势最大限度为社会服务,从而形成人才竞争力。它还具有历史性和划时代性,对国家提出的人力资源强国和人才大国建设提供教育支撑。

因此,需要进一步认真学习领会其精神,持续推进高中语文教育内涵发展,深化育人方式的改革:

1. 探索数字化背景下的关于语文课程的融合式教学

探索语文课堂即学习,探索语文教学从普通的行政班教室向学习空间的延伸,在教育装备上从共性标配向个性定制延伸,在信息技术人工智能与教学融合上,从产品使用向数字化环境建设延伸。在师资队伍结构上,从校内向校内外兼容延伸,课程建设从落实建构向管理与服务延伸。

2. 按照国家要求深化高中语文课程改革

在新高考、新课标、新教材的多重背景下,紧扣学生发展核心素养和学科核心素养的育人目标,着力推进"课程—教材—教学—评价"一体化改革,加强"五育并举",切实落实学科教育和学生生涯规划指导等各项工作。

3. 探索"普通高中教学质量综合评价"在语文课程中的实施

构建从学生发展、教师发展、课程建设、学校治理能力四个方面,对高中语文教育教学的质量进行综合评价,持续推进普通高中特色学科建设,以评促改,[1]进一步驱动高中办学水平的提升和语文学科育人方式的变革。

---

① 靳晓燕:《步入新阶段,基础教育如何发力》,《光明日报》2019 年 9 月 17 日。

第二节　结合语文课程建设与
实施探索改革的具体路径

一、语文学科课程建设与社团活动

《普通高中语文课程标准》指出,学生是学习的主体,语文课程必须根据学生身心发展和语文学习的特点,关注学生个体差异和不同的学习要求,保护学生的好奇心、求知欲,充分激发学生的主体意识和进取精神,倡导自主、合作、探究的学习方式。

因此,关于语文学科课程建设,怎样倡导自主、合作、探究的学习方式,通过合作、通过社团活动等方式,充分发挥学习者自身的主体性,向《指导意见》所强调的构建全面培养体系的方向发展,是需要教育者认真思考并研究开展的。

《指导意见》强调构建全面培养体系,从突出德育时代性、强化综合素质培养、拓宽实践渠道、完善综合素质评价等方面提出要求。社团活动可以呈现一种活动态的课堂。社团是具有某些共同特征、爱好的人相聚而成的互益组织。我们关注到,按时间先后,相关活动类名称出现如下变化,课外活动——第二课堂——第二渠道——活动——活动课——活动类课程——综合实践活动课①,等等。其名称多与活动有关,其与传统课堂比较,多属于传统课堂的附属,居于从属位置。

语文传统课堂关注传统模式的课堂教学,特别是课堂教学过程中对知识的传授和掌握。其中传授的主体是教师本身,而学习者只是作为被动接受者。事实上,适应当下社会的发展,课堂应该是双向的、互动的、学习的课堂,而非单方教学的课堂。传统语文课堂有关学习者应作为学习的主体,学习者应凸显其主体性,这些方面的关注程度显然不足。传统语文课程对于学习主体的生存态度、生命价值和生

---

① 李臣:《活动课程研究》,教育科学出版社,1998年,第18页。

活意义的重视程度亦有待提升。而新的课程标准所提出的"人文性",强调"以人为本",突出语文教学中受教育者的差异性,要求关注人的全面发展。因此,语文学科课程建设与社团活动结合,需要体现学科课程性质,彰显社团活动对语文学科课程的促进。语文学科课程建设与社团活动结合,需要考虑如何将两者结合,一方面需要关注学科课程建设的活动态发展,另一方面则需要提升社团在活动过程中的学科专业化引领。

同时,语文学科课程建设的活动态发展需要创新教学思想。即在高中语文活动教学的自觉追求中,强调语文学习的外延与生活的外延,把语文教学置于社会生活的大背景中,把语文教学与生活联系起来。一方面,学习者将学科课程中所学的知识与方法运用于社团实践活动中;另一方面,社团活动的有效实施、学习者从中获得的基本能力,又可以促进学科课程的学习。

社团活动与语文学科课程建设相结合,应注重应用。加强与社会发展、科技进步的联系,加强与其他课程的沟通,以适应现实生活和学习者自我发展的需要。学习者在社团活动中增强探究意识和兴趣,学习探究方法,从而使语文学习的过程成为积极主动探索求知领域的过程。

在活动中学习是人存在和发展的基本方式,是影响人的发展的决定性因素。社团活动彰显学科特性,学科教学强调渗透、融入社团活动要素——学科课程内容与社团活动融合,要面向自然、社会、生活、历史、科学、人工智能等多种资源,强调通过各种各样的活动、实践来促进学生全面且有个性地发展。

社团活动可以设计为如下模式:

课题研究型:需要教师指导,学习者学会运用相关的科学研究方法,围绕专题开展研究。注重小切口、有兴趣、宜操作。注意操作流程,如:制定方案、准备实施、开展活动、收集资料、形成结论、展示交流、应用实践、拓展提升等。

实践操作型:注重主动探究,注重培养学习者的自主设计和实践操作能力,注重在实际操作中加强应用。广泛运用语文学科基本知识和基础技能,提升语言应用能力,从感性体验提升到理性发展,联系真实生活、现实世界,掌握实用性技能,通过考察、参与、体验性的且带有语文实践意义的社团活动,增进学以致用的能力。

社会考察型:以考察型学习活动为主,将语文学科学习到的关键能力通过沟通与合作,上升为对必备品格的培养。通过参观访问、考察体验,来丰富学习者的生活。引领其关注社会,并通过接触和了解社会,增加其对社会的认识和体验。通过以上模式,进一步培养必备品格和关键能力。

二、学生综合评价与转变唯分数的应试导向

新修定的语文课程进一步强化对于学生综合素质培养的要求。2017 年教育部专门印发了《中小学综合实践活动课程指导纲要》(以下简称《指导纲要》),以配合高中课程修订。同时,为了更好地促进育人模式的改革,2014 年教育部印发了《关于加强和改进普通高中学生综合素质评价的意见》。

《中小学综合实践活动课程指导纲要》作为义务教育和普通高中课程方案规定的必修课程,与学科课程并列设置,从小学到高中,各年级全面实施,所有学生都要学习,都要参加。综合实践活动学分在高中课程中占 14 学分,在高中毕业学分144 分中占比超过 1/10。在所有科目里,综合实践活动课程分值占比最高。这一点与育人模式改革密切相关。育人模式改革不仅是简单地改进课堂教学方式,更主要的还要关注学生成长的机制和途径。因此,这次新课程修订以后,特别强调了学生综合实践能力的培养,由此来推动整个育人模式的改革。

《指导纲要》在附件部分主要提供了六个指导性文本:(1)中小学综合实践活动推荐主题汇总;(2)考察探究活动推荐主题及其说明;(3)社会服务活动推荐主题及其说明;(4)设计制作活动(信息技术)推荐主题及其说明;(5)设计制作活动(劳动技术)推荐主题及其说明;(6)职业体验及其他活动推荐主题及其说明。这六个文本是针对《指导纲要》正文"课程内容与活动方式"部分提出的内容选择与组织原则及四种主要活动方式的具体展现。

《指导纲要》研制组对 2000 年以来中央有关部门发布的 100 多个专题教育文件进行了系统梳理和研究,把其中可以作为综合实践活动主题的内容进行了提炼

和转化。体现在语文课程中,例如将党中央和社会各界十分关注的中华优秀传统文化教育、革命传统教育等各类专题教育,纳入到综合实践活动课程中,并通过综合素质评价转化成生动活泼的主题形式来呈现。同时,根据活动的难易程度分别推荐给不同学段的学生开展活动,使专题教育真正落地。

在学生综合评价方面,语文课程转变唯分数的应试导向,结合《指导纲要》需关注如下内容:

1. 立足学生综合素质培养的需要

综合实践活动课程是培养学生综合素质的跨学科实践性课程,在选择和确定推荐主题时就要从学生自身成长需要出发,精选生活中对学生综合素质发展有价值、有意义的内容,引导学生从日常学习生活、社会生活中提出具有教育意义的活动主题,通过探究、合作、体验等方式,使学生在价值体认、责任担当、问题解决、创意物化等方面不断提升,并获得相关能力。

2. 体现综合实践活动的本质特征

语文课程需结合自身特点,在综合实践活动课程中,切实落实《指导纲要》的基本要求,把综合实践活动的内容与活动方式具体化、学科化,进而体现育人要义。一方面,必须体现综合实践活动的本质特征:回归生活、立足实践、着眼创新、体现开放。另一方面,关于选择主题,一要结合语文课程特征,二要根据综合实践活动课程的理念和目标,尽可能从学生的真实生活和发展需要出发。

通过综合实践活动,学生能够结合活动主题,发现、分析并解决问题,从中体验和感受生活,从而发展实践创新能力,进而提升语文学科能力和核心素养。

3. 反映时代发展和科技进步要求

语文学科课程在实施综合实践活动方面要密切联系当前学生的生活实际,关注社会的热点问题,反映社会发展对语文教育的要求。如"书香校园"响应阅读的主题,"儒道互补"反映传统文化教育的主题。

结合大阅读活动,关注时事、关注科技、关注发展。可以开展跨学科的如反映军事安全的主题,也可以开展主题辩论与演讲:机器人体验、3D 设计与打印技术的初步应用、清洁能源发展现状调查及推广、学生公司创办等。

通过主题活动,反映时代发展和科技进步要求。将凝练而成的四个语文核心素养与顺应世界潮流、提高科技意识、培养环保素养、提升公民素质等跨学科综合实践活动相结合。

4. 兼顾城乡地区资源差异

综合实践课程强调充分利用当地资源开展实践活动。我国国土面积广大,各地资源分布不同,城乡地区资源差别较大。在实践活动中,要关注城乡差异,同时在主题的选择方面要兼顾城市和农村学校实际,一方面要选择一些城乡都能开展的主题,使之具有一定的普适性,如"合理安排语文课余生活""我也爱读诗""生活中的文学""我的家乡有木叶"等主题。另一方面要选择一些具有城市特色和乡村属性的主题,使城乡都有推荐主题,都能开展特色活动。

通过各类综合实践活动,培养语文学科能力,借由综合评价,转变唯分数的应试导向。

三、应用新教材 落实学科核心素养

《指导意见》提出,各省(区、市)要结合推进高考综合改革,制定普通高中新课程实施方案,2022年前全面实施新课程、使用新教材。普通高中语文课程教材的修订,一方面更新调整了内容,另一方面优化了课程结构。语文课程更加强调以核心素养为本,要进一步改革语文课程的目标和内容,既要关注知识技能的外显功能,又要重视课程的隐性价值,还要关注语文课程在社会信息化过程中新的内涵变化。

《指导意见》提出,学业水平选择性考试与高等学校招生全国统一考试命题要以普通高中课程标准和高校人才选拔要求为依据,实施普通高中新课程的省份不再制定考试大纲。因此,普通高中课程标准,不但作为语文课程的实施纲要,同时还作为考查学科能力的评价标准和关键指导。这次课程标准修订,把语文核心素养凝练为四个方面:语言建构与运用、思维发展与提升、审美鉴赏与创造、文化传承

与理解。语文课程是一门学习祖国语言文字运用的综合性、实践性课程,它在落实立德树人的教育总目标下,必然要承担与自己特质密切相关的目标。在课程中教育学生继承和弘扬中华优秀传统文化,培育和践行社会主义核心价值观,增强民族自尊心,提升文化自觉和文化自信,培养热爱中华文明、热爱祖国、热爱人民、热爱中国共产党的深厚感情,以及热爱美好生活和奋发向上的人生态度,增强学生为中华民族伟大复兴而努力的历史使命感和社会责任感,这些都是语文课程必须做到的,但又必须通过语文课的特质来实现的。

本次修订的语文新教材,在课程结构优化方面,突出的重点是满足学生多样化的学习需要和高考综合改革的需要。不仅结构优化,内容调整;更为主要的是,这次新课程的修订体现在育人功能的增强方面。对于如何增强课程的育人功能,主要表现在三个方面:

1. 充分落实立德树人要求

把立德树人的要求充分落实到语文课程教材当中,具体来说,就是把党的教育方针具体化、细化,结合语文学科特点融入到语文课程教材里,把习近平总书记关于时代新人培养的要求体现在语文课程教材里。把立德树人的要求充分落实到课程新教材当中。

具体的措施是在中国学生发展核心素养的基础之上,结合学科特点,提出了语文学科的核心素养。从育人的角度讲,学科核心素养具体体现为学科的基本育人价值,包括三个要点:关键能力、必备品格和正确的价值观。

增强课程教材育人功能,突破以往的课程目标的表述,重新界定课程目标,使得课程的育人目标和要求更加具体化、更加细化。从受教育者的视角出发,体现为聚焦人的发展。从教育者的视角考察,在实践层面,具体体现为与教师的每一个教学活动的联系更为紧密。

2. 提出语文课程学业质量标准

为了强化语文新教材的育人功能,提出了语文课程学业质量标准。明确语文课程到底学什么、学到什么程度。对于学习过程和结果的考核评价,不仅仅是关注语文课程知识的理解和掌握,还要更多地关注学生素养的养成,关注学生解决问题的能力形成。

通过学业质量标准的研制,不仅有助于规范语文教学,即不要超纲、不要盲目赶进度;同时,也为考试命题提供了一个基本的依据。所有教材的编写、教学实施建议、考试命题建议等,这些工作都是在围绕着如何达成学业质量要求而设计的。

3.以学生为主体

本次修订的语文新教材,明确了语文核心素养,而素养是面对学生的,教学设计就必须以学生为主体。这次课程标准修订,提出了"学习任务群"的组织课程的综合方法。学习任务群涵盖学生生活、学习和日后工作需要的各种语言活动类型。除着力培养语言运用基础能力外,还充分关注跨文化、跨媒介等语言文字运用新视角、新手段,以及自主、合作、探究等学习方式。学习任务群是根据这次课程标准修订的主要精神,吸取十余年来优秀教师成功的创造性实践,将国外教学先进经验中国化的一种创造,是这次修订的又一个亮点。因此,应用新教材,落实核心素养,体现课程标准修订的特色和亮点,值得语文教育工作者持续关注。

四、优化教学模式 促进学生全面而有个性地发展

《指导意见》强调创新教学组织管理。一方面,依据学科人才培养规律,满足不同学生发展需要。另一方面,要求深化课堂教学改革:按照教学计划循序渐进开展教学;培养学生学习能力,培养适应终身发展和社会发展需要的正确价值观念、必备品格和关键能力;转变教与学的方式。综上,促进学生全面而有个性的发展需要进一步优化教学模式。

教学模式是在一定教学思想或教学理论指导下建立起来的较为稳定的教学活动结构框架和活动程序。作为结构框架,突出了教学模式从宏观上把握教学活动整体及各要素之间内部的关系和功能;作为活动程序则突出了教学模式的有序性和可操作性。而项目学习,可以视作一种新的教学模式。项目学习,并不是一个新生模式,但是与当下语文改革相适应。

百年前,美国进步主义教育家克伯屈提出,项目学习是一个在特定的情境中所发生的、需要参与者全身心投入的、有计划的行动。这与近年来学习科学的研究进展是一致的,即美国学者索耶提出的,知识并非是学习者头脑中静态的智力结构,而是一个包括人、工具、环境中的其他人以及运用知识的活动在内的认知过程。[①]按照这样的界定,有效的教学需要情境及活动的创设、学习环境的优化、学习与实践共同体的组建,而项目学习是一套系统的教学方法,是对复杂、真实问题的探究过程,也是精心设计项目作品、规划和实施项目任务的过程。[②] 在项目学习中,需要考虑的重要问题有:在学习过程中以学生为中心,使学生参与到学科的核心概念与原理的学习中;项目活动不是常规课程的附属品,它本身就是教学的中心;经过高度精练的驱动问题能够激发学生的学习兴趣,引导学生对真实且重要的专题进行深入探究;在学习、自我管理和项目管理过程中,学生能够应用科技手段和其他关键的工具与技能;有对项目作品的详细说明;采用基于表现的评价方法;鼓励学生以某种形式相互协作。[③] 由此,项目学习与高中语文学习任务群的理念和方向是高度适切的。

因此,优化教学模式,可以引入项目学习的教学模式,以此重新审视我们的语文课堂教学。基于此,如何将传统教学设计的各个要素与培养学生全面而有个性的发展结合,与当下深化课堂教学改革相结合,需要关注内涵变化。

关于教学目标:突破课程目标的静态设计,关注学习目标与学生的表现性行为,将目标的设计与过程进行关联。

关于教学资源:重新界定教学资源,突破教材、单篇的教学资源限定,将文本置于任务当中,扩大数量范围和类型,以整本书或有专题体系的文本为依托,将教学

---

① R.基思·索耶:《剑桥学习科学手册》,徐晓东,等译,教育科学出版社,2010 年。

② 巴克教育研究所:《项目学习教师指南:21 世纪的中学教学法:第 2 版》,任伟译,教育科学出版社,2008 年。

③ 巴克教育研究所:《项目学习教师指南:21 世纪的中学教学法:第 2 版》,任伟译,教育科学出版社,2008 年。

资源与教学活动结合,使教学资源变为学习任务的源头活水。

关于教学方法:将过去技巧层面的,如设计如何导入、如何书写板书、用何种提问方式,转变为以学生为中心,考虑如何引发学生的学习行为、如何让行为与实践发生关联。①

关于教学过程:转变一堂课思维,关注整体。从单元、任务、学期的角度进行设计,关注学科基础知识、基本技能、基本方法,关注项目的解决。

关于教学评价:转变单一的纸笔测验模式,从评什么、用什么评、谁来评的角度进行思考,以学生的核心素养的过程性表现为评价内容。②

关于教学设计,可以参考如下方式。方式1:进行单元整体教学设计。即根据本单元主题,设置单元整体教学的情境、任务、活动等。教学设计应放置在单元整体教学设计的视野下。方式2:在单元整体设计的视角下,进行教学设计。教学设计要注意和单元整体教学目标的关系,要设计教学的子情境、子任务和相关活动。子任务可以是单元大任务贯穿而来,也可以是单元大任务分解而来。

项目学习设计得当,教学要充分体现情境创设、任务驱动、深度学习等特点,学生在语文学习中围绕特定任务,通过自主言语活动实践,能真正将知识内化为能力,并在情境体验中将其凝结为素养。③ 通过优化教学模式,进而促进学生全面而有个性的发展。

五、转变教学方式 建立轻负高效的教学模式

关于转变教学方式,《指导意见》提出创新教学组织管理,完善考试和招生制度,从而建立轻负高效的教学模式。

首先,转变教学方式,轻负高效要体现在循序渐进开展教学,提高课堂教学效率,深化课堂教学改革诸方面。结合课堂内外,将课堂转变为学习,即关注培养学

---

① 蔡可:《美国项目学习与我国语文教学改革》,《语文建设》2015 年第 11 期。
② 蔡可:《美国项目学习与我国语文教学改革》,《语文建设》2015 年第 11 期。
③ 蔡可:《美国项目学习与我国语文教学改革》,《语文建设》2015 年第 11 期。

生学习能力,促进学生系统掌握语文学科基础知识、基本技能、基本方法,通过语文课程的学习,培养适应终身发展和社会发展需要的正确价值观念、必备品格和关键能力。

其次,切实提高课堂教学质量,需要关注教与学的方式的转变。积极探索互动式、启发式、探究式、体验式等课堂教学方式,加强实验教学,推广应用优秀教学成果,推进信息技术、数字化应用与教育教学的深度融合。

再次,评价是重要的指挥棒,对学校办学和教育教学行为具有重要导向作用。因此,加快构建科学的教育评价体系,对学校办学和教育教学行为具有重要导向作用。

基于此,语文课程的教学与评价应关注以下方面:

1. 以"立德树人"为思想引领,突出育人导向

贯彻党的教育方针,为国选才,为国育才,坚持正确的世界观、价值观、人生观引领,突出语文课程教学的育人功能。

紧跟社会经济科技发展,密切联系生产生活实际,关注家国大事、民生大事、科技大事、成长大事。

2. 以语文学科"主干知识"为考查重点,突出注重基础导向

注重考查学科必备知识、关键能力和主干知识脉络;注重教学与考查的难度结构的均衡,基础性与应用性并重。不囿于学科知识的简单复现和堆砌,创新语文学科考查的表现形式,侧重于考查学生在比较熟悉的情境下灵活运用语文学科基础知识、基本技能分析问题、解决问题的能力,学会灵活应用、举一反三,增强迁移能力。

3. 以语文"学科能力"为考查主线,突出能力多元导向

坚持"能力立意"的指导思想,对学科能力的考查贯穿于学习全过程,精心设计一定梯度的、对学生有较高能力要求的综合性评价体系和创新性评价试题,多元素、全方位、多角度地考查能力。

注重阅读能力、理解能力、逻辑思维能力,发现问题能力,图表筛选提取信息能

力、分析评价能力、实验探究能力,基本分析能力,独立思考和解决问题的实际能力等涉及语文学科关键能力的考查方案。

以新情境、新问题为切口,关注以迁移能力为代表的进一步语文学习潜力的培养。

4.以培养语文学科"素养综合"为发展方向,突出素质教育导向

注重语文学科素养的培养,减少死记硬背的应试教育模式。注重创新,在学习探究与评价答案的设计上,通过增强开放性、探究性和灵活性,鼓励学生综合运用所学知识进行思考,多角度认识和分析问题,创造性地解决问题,有助于使学生从机械训练的"题海"中摆脱出来,提高综合素质。

综上,关于转变教学方式,建立轻负高效的教学模式,《指导意见》提出了相应的具体措施和要求。在语文教学的实际落实过程中,从学校管理方面,需要突出考查是否坚持"五育并举",从教师教学层面,需要关注全面培养、提高学生关键能力和必备品格,从而切实扭转单纯以分数评价学校和教学的倾向,祛除沉疴,转变教学方式,实现轻负高效。

第三节　用实证研究方法
推介有效教学案例

实证研究是指研究者亲自收集观察资料,为提出理论假设或检验理论假设而展开的研究。实证研究具有鲜明的直接经验特征。实证研究方法包括数理实证研究和案例实证研究。本节以实证研究的方法,推介有效教学案例。围绕《指导意见》精神,结合语文课程标准,以笔者近年开展的实践研究为例,以期服务学科建设与教学实践。

一、语文学科特色课程建设

在高考招生制度改革及与之相适应的普通高中课程改革背景下,学校教育要

以立德树人为导向,以学生发展核心素养为引领,不断建设和完善学校课程体系。学科课程作为学校课程体系的重要组成部分,自然成为学校课程建设的重要抓手。开展普通高中学科特色课程建设,可作为探索学校课程建设与实施经验的孵化器。下文以笔者近年开展的天津市南开中学语文学科特色课程建设为例,作为研究案例与考察实践。

1. 立足校园文学文化 探究课程建设方向

以新课标理念和语文核心素养为指导,努力挖掘学校文化资源,积极进行校园文学建设的特色研究与创新探索,以此探究课程建设方向。(案例实践具体内容参见扩展阅读 案例实践1)

聚焦创新课题,开展校园文学文化研究。科研助力,明确理念,构建体系,扎根传统名校土壤,立足已有基础,围绕新的课程标准,开拓创新。理论探索与教学实践相结合,围绕课程目标,以课题研究为支撑,以科研探究为导向,用理论创新指导实践,在校园文学的实践中,积累宝贵经验,形成科研财富,进一步开展课题研究。研究课题包括"校园文学与语文校本课程开发研究""写作教学理论与实践研究"等。课题研究在课堂教学和指导学生实践的基础上探索而来,并经过课堂实践的检验。如在选修课中实践校本课程,弘扬校园特色文化;在落实教材的基础上探索文学课堂的实践方式;在面向学生的历次作文指导、赛前培训中奠定写作教学的底蕴。通过研究与实践,实现科研带教研,既有利于传承校园文学文化,打造学科特色,又有助于扩展语文教育深度,探究课程建设方向,为进一步提升学生核心素养服务。

同时,在探究课程建设方向的过程中推进教学变革,联动课堂内外,打开文化视野,开展校园文学艺术实践。积极筹办校园文学类社团,指导学生参加活动。带领包括菁莪语言艺术团、凭轩文学社等诸多校园文学类社团,开展多彩活动,带动经典阅读与校园创作风气,借助学校各类讲坛讲座,让学生和专家学者面对面交流,以活动实践打开文化视野,带领学生了解学术前沿,关注校园文化,丰富学习所得。学生的成绩和其所具备的核心素养,是教育质量的监控标尺。课程的特色研究与创新探索联动课堂内外,培养出成绩优异的各届学生、思维健全价值观坚定的合格公民以及走向世界的中华文化传承者。

2.结合文学写作实践 拓展校本课程阵地

发挥自身特色,研发校本课程。其一,立足新课程要求,为社会贡献有质量的教育。开设南开校园中的文化蕴藏课程(参见扩展阅读 案例实践2),教师依托专业知识背景,结合学生特点,相继开设周恩来南开作文研究课程、南开爱国主义情怀教育课程、周恩来与南开戏剧课程、中国现代文学中的南开作家群课程、"红楼一梦"在南开课程、南开校园新闻采访课程、南开国际学生的文学教育课程等。借由校本课程,提高学习者自主学习意识,提升学习者文学写作综合素养。其二,开展校园文学与综合素养类校本课程的研发,依托丰厚校园文化资源,梳理学校百年文学文化作品,教师团队编纂极具特色的出版物,包括《周恩来南开中学作文笺评》《周恩来南开中学论说文集》等图书。书籍凝结心血,是对学校悠久文学教育传统的传承与发扬。其三,融合写作课程与作文大赛,以写作课程做引导,以写作比赛做实践,以国家级作文大赛为平台,开展特色写作课程。鼓励学生多尝试、多参与,不断为学生写作提供实践机会。学生、教师在多项国家级大赛中斩获佳绩,学校被评为"全国新课程写作教学示范校"。

3.提升教师专业水平 建设课程人力资源

立德树人,注重培养,课程体系人力资源建设不断丰盈,努力将学科教师培养成为教育教学的中坚力量,成为优秀的中国文化传播者。如:积极承办、参与各级各类特色教研活动。教师通过积极参与和广泛交流,收获不同视域下的认知,加深对语文教学的理解,对语言文化内涵的体认。又如开展以"用典"为专题的核心素养探索和以"穿越时空 感知诗韵——古今诗词品读"为主题的区域范畴的学科教研活动。

立足新课程改革,深入开展语文教学创新研讨。开展以"核心素养实践探究""任务群教学设计"等为主题的国家级、市区级教研活动。承办面向全国、覆盖市区的教研活动,邀请全国语文教育工作者参与活动,开展如"新课标、新微课、新活动——聚焦新课标"等高端研讨会,以及主办内容丰富的专家示范课、专家讲座等。

参与专业大赛比武和各类课程展示。参加优质课和各类课程展示评比,参加校园文学、文学课堂、写作教学、基本功展示等多项大赛。与全国各地语文人切磋比武,交流研讨,与同行专家开展合作共建,教师在专业比武中不断成长和提高。

开展国家级、市区级重点课题研究。以先进教育理论为指导,全方位、多视角地探究教师文学修养与专业成长的途径,在研究中形成特色创新成果,构建衔接课堂内外的"文学大课堂"教育模式,引领教师专业成长。

综上,通过组织主题多元、形式多样的教学研究活动,通过做课、说课、模拟课堂、专家展示课、讲座报告等,营造良好研究实践氛围,帮助教师更新知识、突破陈旧观念,从而利于教师提升课堂教学成效,为进一步提升课程体系人力资源建设服务。

扩展阅读　案例实践1——

天津市南开中学语文学科,近年来以科研探究为阵地,以新课改理念和语文核心素养为指导,依托中语会和校园文学委员会的指导,积极统筹第一课堂与第二课堂,努力挖掘学校文化资源,开设丰富多彩的校本课程,构建具有南开文化特色的校园文学课程体系,在语文学科科研探索与实践方面积极探索。

一是明确并处理好校园文学课程与语文学科建设的关系。校园文学活动课程对于语文教学如阅读、写作、口语交际等分支,及课程资源、教材开发等环节,都有着积极影响。近年来的具体做法如下:

1. 明确理念、构建体系,以课题研究为支撑,为校园文学建设提供理论支持。学科着力关注校园文学与综合素养类语文课题的开发研究,如"校园文学与语文课程开发研究""写作教学理论与实践研究"等。

2. 创先争优、砥砺奋进,以作文大赛、教师职业技能大赛、论文评选等活动为依托,为师生提供实践平台,培养师生的文学素养,促进语文学科工作持续推进。

近年来,积极参加全国性赛事并收获佳绩。学生已连续四年在叶圣陶杯全国中学生新作文大赛中获得优异成绩。多名教师获得教师指导奖,学校被评为"全国新课程写作教学示范校"。同时,学科教师积极参与全国性的比赛,在"文学课堂""教师基本功大赛"等全国性大赛中获奖。教师不仅重视、扶持学生的文学创作活动,还积极进行教学研究,撰写发表论文,学科教师的整体教学和科研水平获得提升。

3. 教学实践、勇于探索,以校本课程和"公能讲坛"为载体,构建富有南开文化特色的校园文学课程体系。

当下语文学科正着力打造一门面向全校的选修课,围绕新课标提出的核心素养,深入挖掘南开历史文化元素,开设了南开校园中的文化蕴藏课程。其中包括:周恩来作文研究、南开作家群研究、红学研究、校园新闻采访与写作、国际学生的文学教育、南开戏剧等专题。学科还开设了舞台表演艺术课程、古琴课程、传统吟诵课程等。同时学校每学期都会进行十余次的"公能讲坛",请各行各业的名家翘楚来校讲座,其中不乏文学文化领域精英奉献的文化盛宴,如舒乙、韩毓海、白岩松、蒙曼等,学生和专家学者面对面交流,了解学术前沿,打开文化视野,促进综合发展。

二是明确并处理好校园文学活动课程与学校特质课程的关系。校园文学活动课程与校园文化包括校园环境、校园精神文化、校园制度等在内的学校特质课程相辅相成,共同营造学校的人文氛围。具体做法如下:

1. 以学生社团为抓手,举办丰富多彩的校园文学活动,营造浓厚的校园文学氛围。

话剧社是南开的百年社团,打上了浓厚的南开文化烙印,从周恩来在校时演出的《一元钱》到曹禺在校时创作的《雷雨》,从百年前轰轰烈烈的新剧改良社会运动,到当下每年的话剧节表演,都记录了校园文学与南开难以分隔的文化联系。此外,电影节、京昆社(京剧专场)、红学社、南开书院古琴演奏、凭轩文学社、书画社等学生社团,特别是菁莪语言艺术团,以朗诵、主持、朗诵剧、话剧为主要活动内容,结合相关朗诵、剧本创作,在天津市的校园社团中特色凸显。这些社团经过教师悉心指导,学生热情参与,作为第二课堂的延伸,在学科建设中独树一帜。

2. 整合资源,凝心聚力,以丰富的校园文学文化为纽带,实现文化育人于无形。

南开中学作为百年名校,有其深厚的文化底蕴,早在周恩来在校期间,就曾任过校园刊物《敬业》杂志的编辑。新时期,重新刊印了《新敬业》杂志,其中的《文学专刊》已成为校园文学发表的阵地。学科整理发掘了一批周恩来少年时代在南开求学的书籍,其中的《周恩来南开中学作文笺评》一书已成为学校文学教育的读本,还有《周恩来南开中学论说文集》《周恩来南开中学习作释评》《周恩来南开中学岁月》等校本课程读物,营造"以周恩来为人生楷模"的强大文化氛围。

综上,继续大力发挥校园文学的重要作用,不断提升学科建设,用以带动学生整体语文素养的提高,提倡校园文学、打造精品课程、提升学科水平。

扩展阅读　案例实践2——

当今"语文"备受关注,我们可以看到国家对于"语文"——这一关于母语教育的再认识。因为任何一个国家只有尊重自己的母语,尊重自己母语所生成的文学,才能真正深刻认识与理解自己国家的 DNA。

而"校园文学"这一主题恰好对于现在我们的语文课堂、我们的学校教育应该往哪一个方向前行,给予了充分的探寻,指引了清晰的方向。校园不能缺少文学,语文课堂更不能缺失文学,如果学校或者学科教学只是单纯追求成绩的金牌,最终会使教育趋于功利,给国家与民族带来巨大损失。因此,"校园文学与文学课堂"是当下教育中更应关注的重点。

一所学校需要拥有自己的文化,更需要开设自己的文学课程。文学与文化是一所学校的名片,更是教育的核心关键之体现。

之所以开展南开校园中的文化蕴藏课程,在于南开所拥有的悠久的文学和文化的历史。南开中学创办于 1904 年,建校一个多世纪以来,校园中浓郁的文学艺术氛围影响着一代又一代南开人,陶冶了学生的情操,培养了学生的人文情怀,南开中学是一所拥有着悠久的文学教育传统的学校。

为此,我们开设校本课程,主要谈南开的文学与文化,侧重谈校园文学。我们的课程设置了八个专题。

专题一:总论——南开中学的文学教育传统

举例而言,1929 年学校自拟的教学大纲中就明确国文科自初中三年级即学习治学态度与治学方法,中国学术思想论述,文学理论,《水经注》《左传》《三国志》《资治通鉴》等。学习各种不同体裁的文学作品,如散文、小品、杂文、新诗等。自高二起,并设选修课,分为四种:一为文学,选讲《诗经》《楚辞》以及历代文学名著;二为诸子,选讲孔孟及战国诸家代表作品;三为新文学,选讲五四以来鲁迅等名家代表作;四为应用文,选讲古今各类实用文章。不仅课堂教学突出文学教学,课外活动也是丰富多彩的,有作文比赛、演说比赛、读书比赛等。同时学校还聘请范文澜、罗常培、熊十力、老舍、何其芳、张中行等一批名师来校任教,这些学者通晓中西文学、历史、哲学,教学大纲的设置以及名师的授课都提升了南开学子的文学素养和欣赏能力。曹禺、穆旦、端木蕻良,他们分别是戏剧、诗歌、小说领域高水平的文学家,而他们的文学生涯,正是从中学起步的。除此之外,还有黄裳、齐邦媛、叶公超、周汝昌这些在文学创作和文学批评领域成就突出的大家,他们的作品至今仍影响着一代又一代的读者。

专题二:"红楼一梦"在南开

红学大家周汝昌是南开的学生,如果时间可以倒流,是不是这位红学大家就坐在同学们身边呢,或者和大家一起徜徉海棠花下。同学们会不会希望自己日后成为一名研究者,或某学习方法或者研究方法能够给我们一些启迪呢。通过这个专题可以了解更多红楼梦的知识,还可以向周汝昌学长学到很多治学的内容。

专题三:中国现代文学中的南开作家群

南开是一所拥有百年历史的名校,培养了众多院士和科学家。这所私立学校,从建校之初,老校长张伯苓、校董严范孙先生,就秉承着先进的教育理念,科学、文学、艺术、体育并重,公能意识兼备。在中国现代文学历史上,走出多位具有代表意义的作家,像穆旦、老舍、曹禺、周汝昌等。这些举足轻重的作家在一个时期先后登上文学历史的舞台,看似偶然,实则有其重要原因。他们在南开的时光是怎样的,他们的创作之路的开启是不是从校园文学开始呢?通过这一专题,希望能为同学们展开这幅画作的一角,如果同学们对文学充满兴趣,也希望大家能够加入研究队伍。

专题四:南开校园新闻采访

很多同学有过新闻采访的经历,在南开,新闻传播本身就有着南开自己的特色。周恩来与《敬业》校刊,这段历史就可以讲很多很多的故事。时至今日,《新敬业》《紫校风》以及大量的活动新闻采编,哪一个都离不开"新闻采访"。我们的新闻采访是不是可以做得更专业呢,希望这一专题能为同学们提供帮助和指导。

专题五:周恩来作文研究

周恩来是南开最优秀的学生,他的"相逢于中华腾飞世界时"的铮铮誓言仍在耳畔。这样一位伟人,就在我们身边。见字如面、读文识人,通过学习中学时的周恩来的作文,会给我们带来很多启迪。榜样就在身边,通过学习,一起来提高写作修养。

专题六:南开国际学生的文学教育

我们平日面对的学生,大都是中国学生,但是国际学生也在渐渐增多。这次寒假,学校组织的美国学访,还有一位外国学生和我们同行,她的中国话是地道的东北口音,对中国的了解当然也不止于口头的交流。我们需要通过相关课程,了解应该如何传播南开的声音、中国的声音。习近平总书记指出,掌握一种语言就掌握了通往一国文化的钥匙。无论是在我们的校园,还是有一天会走出校园,走出国门,传播中国的声音,我们义不容辞。

专题七:南开的爱国主义教育传统

没有国,就没有家。任何一个公民,如果连自己的祖国都不去热爱,都不去保卫,那么我们的根在哪里?哪一个国家又会热爱我们、保卫我们?"南开是笃笃实实最爱国的"，既然选择来到南开，就要成为真真正正的南开人。五烈士墓还在，像周恩来这样的先辈还在我们的心中。通过校本课程，同学们对于"爱国"会理解得更为切近，更为真实。

专题八：周恩来与南开戏剧

近现代以来，欧洲话剧在中国兴起，一者是以李叔同为发起人的春柳社，一者就是张伯苓把话剧引入南开。南开新剧的蓬勃发展，离不开远见卓识的学校的领导者，但同样离不开南开新剧团的学生们，这其中表现很突出的一位就是周恩来，当然，周君恩来都是以男扮女装出场的。时至今日，话剧仍然是南开校园艺术活动的重头戏。学科创建的菁莪语言艺术团，就是为进一步传承历史、不断创新进步的成果。通过这节课，可以了解更多周恩来与南开戏剧的故事。

总结而言，校本课程是课堂之外的辅助性课程，辅助课堂，促进学生多元发展。学科在校本课程上不断开拓研究领域，拓宽研究思路，打破定势思维，以新的教育理念为指导，改革课堂教学，结合学生兴趣，解决在教学改革和实验中所遇到的实际问题。借由校本课程的摸索，促进基础教育课程改革的发展。在充分发挥教师专业引领的作用下，不断提高学生的自主意识，进而提升整体的教学水平。我们希望通过挖掘南开的文化蕴藏，将南开的校本课程做扎实，为南开的学子服务，更为允公允能，为中国的教育事业而努力。

（《校园文学与综合素养类语文校本课程开发研究——南开中学校园文化的资源开发》原载于《中国校园文学研究》总第 17 期）

二、学案导学下的学生自主学习

"学案导学"教学法是一种新型的教学模式，它旨在通过学生的自主学习，培养学生的自学能力，提高教学效益。"学案导学"以学案为载体，以导学为方法，教师指导为主导，学生自主学习为主体，师生共同合作完成教学任务。这种教学模式指向于扭转教师单纯地讲，学生被动地听的"满堂灌"的教学模式，而是要充分体现教师的主导作用和学生的主体作用，使主导作用和主体作用和谐统一，发挥最大效益。

一方面,能力与知识经验、个性特质等共同构成人的基本素质;另一方面,能力又成为胜任某项任务的条件,它是顺利完成某一任务所必需的主观条件,是直接影响活动效率,并使活动顺利完成的个性心理指征。就能力培养而言,自学能力的培养是一个人优秀素质提升的必需,因此,通过学案导学来提升学生自主学习能力尤为重要。下面以《锦瑟》一课的教学为例,通过学案导学,探究信息化浪潮下学生自主学习如何有效开展。

1. 学案设置与导学目标

信息化浪潮为教学带来深刻的变革,在语文学科经典文学教学诸如古代诗歌鉴赏等方面,也应适应信息化的要求,建立一种师生共享信息、共同学习、共同探究的教学模式。教师应鼓励学生自主地搜集与诗歌有关的一系列知识与信息,并且引导学生学会加工信息、鉴别信息、分析信息、评判信息,逐步提高驾驭信息的能力以及诗歌解读的能力。

2. 学案导学任务设置

《锦瑟》这首唐诗,恰似一首诗谜,向来以其诗意的难解和朦胧著称于世。对于高中生而言,理解这首诗有不小的难度,但解读的乐趣也蕴藏其中。对于这首诗,教师鼓励学生对它采取一种个性化的解读,即可以结合自身的经历与体会来揣测作者的情意,但这也并不意味着可以随意解读。阐释的前提是理解,阐释需要在充分地理解诗句字面含义、了解诗人生平背景的基础上才能展开。另外,解读一首诗,尤其是一首有难度的诗,适当地知晓和吸收其他人的看法与成果,也会促进自己对于诗歌的认识与思考。而诗句的字面含义、诗人的生平背景、他人的研究成果等知识与信息,都是学生可以通过各种信息媒介与渠道自行获得的。课前,教师设置了三项导学任务,要求学生结合课堂内外,运用数字化、信息化等方式开展任务:一要了解李商隐的生平,二要理解诗的字面含义及其中蕴含的典故的含义,三要了解其他研究者对这首诗的解读意见。

3.学案导学下的课堂呈现

课例中,教师课前向学生布置了导学任务,因为在教师看来,诗句的字面含义、诗人的生平背景、他人的研究成果等知识与信息,都是学生可以通过各种信息媒介与渠道自行获得的。在课堂教学过程中,教师进行教学的过程如下:

一是学生分享自己搜集到的信息;二是教师指导学生,要善于把外界的信息,经过大脑加工,变成自己的知识;三是教师请学生分享自己搜集到的前人关于这首诗的不同的理解,并且谈谈自己的看法;四是教师运用信息化的手段,在解决完知识方面的问题后,将学习的主要任务集中到诗歌内涵的探讨上;五是教师分享搜集到的前人关于这首诗的不同的理解,并和学生一起深入探究,从研究的视角,进一步谈自己的看法。

4.导学过程与自主效果呈现

一是教师设置导学任务,鼓励学生把自己的经历、体验带入到诗歌之中,对这首诗进行新的认识与体会;二是通过研究探讨导学任务,教师在授课过程中引导学生关注知识和体悟两个环节;三是运用导学,知识层面通过信息化手段获取;四是分享导学,体悟层面呈现为教师引导—学生经验分享—教师点拨。

综上,通过导学与自主,整堂课体现出知识的丰盈和内涵的深刻,体现了信息化背景下教师主导、学生自主这样的新型导学与教学模式的有效开展。

5.学案导学与自主探究在信息化浪潮背景下的思考

中国古代有"诗无达诂"的说法,即对于一首诗,人们所能解读出的内涵是不同的,而这种不同的解读,也反映出品鉴者的学养与境界。学生通过学案导学,进行自主探究文学文本丰富内涵的过程,其实也是其思维能力、审美能力不断发展的过程。一名语文教师,应注重培养学生对于文学文本的解读能力,鼓励学生对于文学文本的多元阐释,从而逐步提升学生的语文素养及思想水平。

信息化浪潮下的学案导学,给语文教学带来新的契机,也促进语文教学从传统理念向新课改理念进一步转变。在信息化背景下,知识、信息对每个人而言都是开放的,甚至是唾手可得的。在知识占有方面,教师不再具有特别的优势,师生在信息获取上处于平等的地位。在学习中,师生之间也由传统的以师对生传授为主导的模式,转变为师生共同学习、讨论、探究的模式。一名教师,应适应信息化时代与新课改理念对于教师的新的角色定位,通过设置导学任务,引导学生开展探究,培养学生不断提升思维水平,成为学生在学习上的促进者与引导者,即促进学生自觉去搜集知识与信息,引导学生合理地选择信息、分析信息、加工信息,使外在的信息内化为自身的知识与素养。这一过程本身就是一种教学相长的过程,即教师通过设置导学任务,提升自己对教学内容的理解、对教材的理解、对教学理念的理解与运用;学生通过完成导学任务,不断开展探究研讨,不断提升自学能力,从而实现素养提升,实现思维的进阶与学习的有效。

三、群文阅读与整本书阅读

群文阅读是群文阅读教学的简称,是近年来在我国悄然兴起的一种具有突破性的阅读教学实践。随着研究和实践工作的深入,群文阅读的定义不断修正完善,它是指师生围绕一个或多个议题,选择一组结构化文本,在单位时间中通过集体建构达成共识的多文本阅读教学过程。而谈到整部书阅读,它并不是这次课程标准修订的首创。历史走到今天,阅读已经成为世界范围讨论的主题。中学阶段进行整本书阅读不但成为了可能,而且成为必须要做的事情。

通过对 2017 版课标的研读,可以发现,"读整本书"已得到充分重视。1941年,叶圣陶在《论中学国文课程标准的修订》中对"读整本书"提到,"把整本书作主体,把单篇短章作辅佐"。可以说,叶圣陶是首先明确提出读整本书理念。1949年,《中学语文科课程标准》中提到,中学语文教材除单篇的文字外,兼采书本的一章一节,高中阶段兼采现代语的整本的书。但是,叶圣陶读整本的书的思想在当时并没有引起足够的重视,也没有在实践中得到检验。下面笔者将结合叶圣陶"读整本书"的阅读思想,结合自己关于读整本书的教学实践,就中学阶段开展整本书阅读做案例呈现。

1. 关于整本书阅读的意义

叶圣陶先生认为,国文教学的目标,在养成阅读书籍的习惯,培植欣赏文学的能力,训练写作文字的技能。而叶圣陶先生一贯重视的是"教是为了达到不需要教"。因此,他的整个语文教育思想都是以养成习惯、培植能力、训练技能为目标,最终通过教师指导(教给方法)使学生自己能够学习。笔者认为这一点,可以作为一线教师在整本书阅读入课堂这一环节的有效指导和实施办法。

叶圣陶先生有这样一些话,今天看来仍具有现实意义。他认为学生并不读整本的书,除了作为国文教材的一些单篇短章,以及各科的教本之外,很少和书本接触。"试问,养成读书的习惯,不教他们读整本的书,那习惯怎么养得成?"从叶圣陶先生的这些话可以看出,重视读整本书是与他的语文教学的目标一脉相承的。因此,读整本书能够养成读书习惯,培养语文能力。这一点,我们的老师不但自己要知道,还要告诉学生们,不是说教的告知,而是应该在实践中让学生真真切切地感受到。

具体而言,其一是扩大阅读空间。读整本书可以把教材上的单篇短章、只读课本上的文字、老是局促在小规模的氛围之中,这些问题一一破解。想增加阅读的能力,想遇见其他的书,不望而却步,想对各种文体都窥见一斑,都尝到一点味道,需要养成读整本书的良好习惯,需要通过读整本书来实践。其二是应用阅读方法。这一点是老师们要告知、引导学生的。我们强调其中两点:一是应用研读语文教材得来的知识,去应对其他的书,这才是反复地历练。二是读整本的书,不但可以练习精读,同时又可以练习速读。这样看来,在课内获得的精读的方法,可以在整本书阅读的过程中有意、无意地得到运用,有利于学生获得个性化的阅读体验,积累更多的阅读经验,以便形成更好的习惯。其三是兴趣与习惯养成。事实上,学生的习惯养成除了时间、实践以外,仍然要依赖学生的阅读兴趣,尤其是中学阶段。整本书阅读能够激发阅读兴趣,能够给学生带来阅读的成就感,对学生阅读习惯的养成有着极为特殊的作用。

2.学习能力与发展心灵

关于整本书阅读,除了谈到方法、能力、技能、习惯等,老师们还要关注一点,那就是整本书阅读与学生心灵之间的关系。也就是说,一方面是能力,一方面是心灵。没有基本的语文学习能力,空谈发展心灵便会成为空谈;不关注心灵,能力就会趋于功利。

那么,这些意义是不是能够在实践当中,真正得到验证呢?"须认定国文是发展儿童的心灵的学科。""所以欲求成功的教师,当从为儿童特设的境遇里,发展儿童的心灵,务使他们情绪丰富,思想绵密。""教授国文不以教授形式为目的,这不过是附带的目的;宜为学童开发心灵,使他们视学习语文如游泳于趣味之海里。"这虽是叶圣陶先生在 1922 年 1 月 20 日发表的《小学国文教授的诸问题》中谈到的,但是我们仍然可以借鉴。"发展心灵,在趣味之海里",整本书入课堂,其教学过程应该关注学生心灵的发展,与趣味相关,进而培养学习能力。

3."整本书阅读"的实践与探索

关于读整本书,笔者认为,整本书阅读应该与能力相结合、与活动相结合、与评价考察相结合。关于整本书阅读入课堂,笔者将之纳入"活动课堂",而且已经坚持开展二十余年。同时,活动课堂不仅限于"整本书阅读",还包括阅读的延伸以及阅读表达能力素养的培养。本书以图片方式呈现近年所做的以整本书阅读为核心的活动课堂示例。其中,阅读与写作的训练情况以及活动课堂的整体表现,通过笔者所授课的天津市南开中学 2017 级理科实验 1 班和 2 班学生的习作进行展示,并收录在"附录"中。

阅读与写作的要求是:题目"我的语文老师",文体记叙文,书写的人物模型为当下授课的语文老师,要求运用整本书阅读中获得的写作方法,进行真实表达与书写,要表现出写作者的文笔特色,要书写出人物模型的特点。活动课堂以笔者所授课班级进入高中,近两年所做的活动课堂的面貌、开展活动课堂的反思做总结呈现,要求学生在书写总结的过程中,呈现真实的面貌,书写真实的感受,表达真实的思考。因篇幅所限,两个部分都仅择取部分学生的文字,做例举式呈现,以供研究者和阅读者了解在实践与探索中,整本书阅读与写作及活动课堂开展的生动情况以及整体面貌,以此作为实践案例供大家开展研究考察。

总体安排:整本书阅读与能力相结合、与活动相结合、与考查相结合——素养与能力:关键能力 必备品格

两个学年(高一至高二)

1. 每学期 10 次,每次 45 分钟。课上完成(每学期 20 周,上半学期 5 次,下半学期 5 次。合计 10 次。)

2. 学生分为 10 组。(自由组合,课代表组织学生排序,每组 5 人左右。推选一位组长。)

---

1. 内容

活动课堂主题:素养与能力

—梦想 5min × 5 = 25min

—整本书阅读:三国演义 10—12min

—整本书阅读:论语 5—8min

2. 内容

活动课堂主题:素养与能力

—兴趣 5min × 5 = 25min

—整本书阅读:三国演义 10—12min

—整本书阅读:论语 5—8min

高一第一学期

1.1 关键词:表达 兴趣 引导

高一年级:

1. 学会表达(规定时间规定任务)

2. 培养兴趣—对语文的兴趣—确立自信、树立目标

3. 养成读整本书的习惯—学会运用方法(将课内课外相结合)

高一第二学期

1.2 关键词:信心 方法 习惯

高二年级:

1. 学会学习:如何查找资料、如何进行研究、如何确定观点

2. 扩展阅读视野 养成合作意识

3. 培养研究习惯、培养研究方法、树立学理思维

高二第一学期

2.1 关键词:自主 研究 合作

2.1 内容:

活动课堂主题:能力与拓展

—故事大王开讲了:10—12min

—整本书阅读:今天你读书了吗—介绍一本自己喜爱的书 5min × 5 = 25min

—整本书阅读:论题 5—8min

高二第二学期

2.2 关键词:拓展 提升 能力

2.2 活动课堂主题:拓展与提升《中国文化经典研读》

—板块 1 我有文化 你有吗

—板块 2 我有问题 你会吗

—板块 3 我有智慧 你懂吗

—板块 4 我有故事 你听吗

—组长总结 听听专家怎么说

图 3-1 整本书阅读与能力相结合、与活动相结合、与考查相结合的框架安排

图 3-2　整本书阅读与能力相结合、与活动相结合、与考查相结合的文学获奖成果

图 3-3　整本书阅读与能力相结合、与活动相结合、与考查相结合的活动实践成果

四、适应走班教学的语文教学改革

《指导意见》提出了一个总体目标和六个具体目标。一个总体目标是:到2022年,德智体美劳全面培养的育人体系进一步完善,立德树人落实机制进一步健全。六个具体目标中的第三个目标是关于选课走班,即选课走班教学管理机制基本完

善。六个具体目标贯彻了习近平总书记在全国教育大会上关于要构建德智体美劳全面培养体系的重要讲话精神,体现了新时代党的教育方针对人才培养的总体要求。这些目标的达成,能够有效保障育人方式改革取得实效,促进学生全面而有个性地发展。[①]

就语文学科而言,语文属于必修科目,选课走班多以行政班为主,因此,选课走班在语文学科方面则更多体现在课程建设规划、国家课程的实施与校本课程的融合方面。以笔者带领天津市南开中学语文学科所做探索为例:

1. 架构学科课程建设规划框架——构建五育融合全面培养体系

继承百年名校大语文观理念传统,注重文道统一,弘扬开放型教育理念,建立了训练为主,注重创新的文学教学基本框架。

构建五育融合全面培养体系,认真研究、落实新课标,在教学中积极渗透"语言建构与应用""思维发展与提升""审美鉴赏与创造""文化传承与理解"的语文学科核心素养。打造以校园文学为核心,写作研究、校本课程、文化传播为侧翼的四大实践窗口。

2. 立德树人 文学育人——深入开展语文课堂教学改革

切实转变教育观念,坚持立德树人,发展素质教育,沟通课堂内外,建立国家课程与校本课程相结合的学以致用的育人模式:着力培养学生感受美、表现美、鉴赏美、创造美的能力,提高学生审美与人文素养。同时,积极整合学校资源,努力发展学生社团,激发学生对文学的兴趣爱好,增加实践机会,促进全面发展。

(1)将国家课程与校本课程结合,使校本课程成为国家课程的有效补充

一是以新课程标准凝练提出的语文学科核心素养为指导,努力研究国家课程教育教学方式的转变。

二是以具有百年名校自身特色的校园文学作品为校本课程的研究对象以及校本读物的载体,将社会生活环境和学校教育环境有机融合,通过教师和学生的合

---

① 崔斌斌:《国办印发普通高中教育改革纲领性文件》,《中国教师报》2019 年 6 月 26 日。

作,收集整理成有体系的校本学习篇目,建立一套真正有学校特色、有校园文学特色的校本读物。以此整合成为国家课程的有效补充,同时关注校本学习内容的方向性、需求性、系统性。

(2)沟通课堂上下,打造学以致用的文学课程体系

一是探索新课标下校园文学活动与国家课程的融合,以提高学生人文素养为核心,关注四个结合:课内与课外相结合,鉴赏与创作相结合,文学与生活相结合,普及与提高相结合。

二是探索校园文学活动的有效性,促进学以致用。校园文学活动以社团活动和学科主题活动为依托,包括校园文学创作活动、校园文学批评活动、校园文学鉴赏活动、校园文学理论研究活动和其他校园文学实践活动。① 通过高质、高效的活动,带动提升活动的参与度、美誉度,从而沟通课堂上下,适应走班教学的语文教学改革,打造学以致用的文学课程体系。

---

① 钟湘麟:《校园文学活动与校园文学活动课程》,《现代语文》(文学研究)2010年第12期。

第四章

聚焦 2020
——聚焦新教材：核心素养导向的新教材建构

【章节说明】

　　2020 年度聚焦新教材，关注新时代发展所呈现的教育新生态与基本特点。基于这一新生态，深入分析依据 2017 年版高中语文课程标准研发的部编高中语文教材的体例与特点。同时，该年度也着重思考了如何有效推进语文教学改革，以期帮助广大语文教师针对新教材的特点，明晰使用建议，并进行教学整体规划。此外，还通过教学案例分析，落实了学科核心素养，从而有效把握课程育人导向。

第一节　新教材的
基本特点与体例、内容

一、2017 年版高中语文课程标准下新教材的基本特点

2017 年 12 月,教育部组织修订并颁布了《普通高中课程方案和语文等学科课程标准(2017 年版)》(以下简称新课程),随之组织编写修订普通高中各学科教材(以下简称新教材)。从 2019 年秋季学期起,全国各省(区、市)将分步实施新课程、使用新教材。2022 年秋季开学,全国各省(区、市)均启动实施新课程新教材。[①]

语文课程分为必修、选择性必修、选修三类课程,每类课程开设 2 个学期。其中必修共设 8 学分,选择性必修共设 6 学分,选修共设 12 学分,包括 6 个学习任务群,学生自由选择。高一学习必修上下册,高二学习选择性必修上下册,高三学习选修上下册。

1. 五大变化

高中语文新教材和课程变化,其基本特点体现为五大变化:

第一,提出四大学科核心素养。新课标提出了"学科核心素养"的概念。语文学科核心素养主要包括:语言建构与运用、思维发展与提升、审美鉴赏与创造、文化传承与理解。

第二,由五大课程目标变为十二大课程目标。2003 版的课程标准中,设置五大课程目标,分别为:"积累整合""感受鉴赏""思考领悟""应用拓展""发现创新"。2017 版课标则变为十二大课程目标,分别为:"语言积累与建构""语言表达

---

① 《教育部关于做好普通高中新课程新教材实施工作的指导意见》,《中华人民共和国教育部公报》2018 年 8 月 15 日。

与交流""语言梳理与整合""增强形象思维能力""发展逻辑思维""提升思维品质""增进对祖国语言文字的美感体验""鉴赏文学作品""美的表达与创造""传承中华文化""理解多样文化""关注、参与当代文化"。

第三,新增选择性必修课程。相较于 2003 年版的必修课程 + 选修课程的课程结构,新版课程标准新课程结构调整为必修课程 + 选择性必修课程 + 选修课程。

三类课程分别安排 7—9 个学习任务群,中华优秀传统文化、革命文化和社会主义先进文化方面的内容始终贯穿这三类课程。

必修课程,每名高中学生必须修习,开设 2 个学期,8 学分;选择性必修课程,学生根据个人需求与升学考试要求选择修习,开设 2 个学期,6 学分;选修课程,学生可自由选择学习,开设 2 个学期,设计 12 学分课程,供学生自由选择。

第四,设置十八个学习任务群。这十八个任务群被归置于必修、选择性必修和选修三类课程中。(见表 4 – 1)

表 4 – 1　普通高中语文课程结构及学分

必修(8 学分)	选择性必修(6 学分)	选修(任选)
整本书阅读与研讨 (1 学分)	(整本书阅读与研讨、当代文化参与、跨媒介阅读与交流在选择性必修和选修阶段不设学分,穿插在其他学习任务群中)	
当代文化参与 (0.5 学分)		
跨媒介阅读与交流 (0.5 学分)		
语言积累、梳理与探究 (1 学分)	语言积累、梳理与探究 (1 学分)	汉字汉语专题研讨 (2 学分)

续表

必修(8 学分)	选择性必修(6 学分)	选修(任选)
文学阅读与写作 (2.5 学分)	中华传统文化经典研习 (2 学分)	中华传统文化专题研讨 (2 学分)
	中国革命传统作品研习 (0.5 学分)	中国革命传统作品专题研讨 (2 学分)
思辨性阅读与表达 (1.5 学分)	中国现当代作家作品研习 (0.5 学分)	中国现当代作家作品专题研讨 (2 学分)
实用类阅读与交流 (1 学分)	外国作家作品研习 (1 学分)	跨文化专题研讨 (2 学分)
	科学与文化论著研习 (1 学分)	学术论著专题研讨 (2 学分)

第五,明确学业质量。新课标增加了"学业质量"部分,明确学业质量是学生在完成本学科课程学习后的学业成就表现,学业质量标准是以学科核心素养及其表现水平为主要维度,结合课程内容,对学生学业成就表现的总体刻画。

其中,学生的学习结果划分为五个级别的水平。水平一和水平二是必修课程的要求,水平三和水平四是选择性必修课程学习的要求,水平五是选修课程学习的要求。水平二是语文学科高中学业水平考试的依据,水平四是高校考试招生录取的依据,水平五则是为对语文课程更有兴趣的学生所设的较高要求,修习情况可供高校或用人单位参考。

2.两大热点

(1)优秀传统文化教育

加强中华优秀传统文化教育是 2017 版课标修订的重点之一,其中语文课标最为突出,中华优秀传统文化方面的内容贯穿必修、选择性必修和选修各个部分。具体表现为:

一是内容更全。在"课内外读物建议"部分,除保留原有《论语》《孟子》《庄子》外,增加了《老子》《史记》等文化经典著作,要求学生广泛阅读各类古诗文,覆盖先秦到清末各个时期。

二是分量更多。明确规定"课内阅读篇目中,中国古代优秀作品应占1/2"。

三是要求更高。在全面加强的同时,还设置中华优秀传统文化学习专题,进行中华传统文化经典作品深入学习研讨。将原标准"诵读篇目的建议"改为"古诗文背诵推荐篇目",推荐篇目数量也从 14 篇(首)增加到 72 篇(首),提高了学习要求。

(2)革命传统教育

加强革命传统教育是 2017 版课标修订的又一个重点。语文课标在革命传统教育方面做到了"两个结合":

一是全面加强与专题学习相结合,在将革命传统教育内容要求贯穿在必修、选择性必修、选修各部分的同时,还设立专门的"革命传统作品"专题,集中学习研讨。

二是广泛阅读与深入精读相结合,要求学生在课内外广泛阅读革命先辈的名篇诗作,阐发革命精神的优秀论文与杂文,以及关于革命传统的新闻、通讯、演讲、述评等,课内外读物推荐篇目涉及毛泽东诗词,以及鲁迅、郭沫若、茅盾、巴金、艾青、臧克家、贺敬之、郭小川、周立波等一批作家反映革命传统的作品,让学生充分体会崇高的革命情怀。

同时,鼓励有兴趣的学生精读"一部老一辈无产阶级革命家的诗文专集"和"一部反映党领导人民进行革命、建设伟大历程的长篇文学作品",撰写研究报告或文学评论,"深入体会革命志士以及广大人民群众为民族解放事业英勇奋斗、百折不饶的革命精神和革命人格"。[①]

3. 学习策略

(1)全面提高语文素养,情感、能力、审美情趣同步发展。学生应着眼于语文

---

① 姜乃强、宋欣园:《适应高中课改需要 凝练学科核心素养——教育部有关负责人就普通高中课程方案和标准修订答记者问》,《教育家》2018 年第 3 期。

学习习惯的养成和语文学习兴趣的提高,要敢于"跳出"语文看语文。

(2)以读为本,读中感悟,读中积累,读与写相结合。要用"以读为主、自悟自得、读法渗透"为特色的现代阅读新模式代替以"内容分析、烦琐提问、写法分析"为特征的阅读旧模式,使阅读返璞归真。要从汉语言文字的特点出发,注重诵读、感悟和积累,用各种形式表达自己对课文的独特理解。

(3)培养阅读兴趣。不能把发展阅读能力的希望全部寄托于课堂,把阅读视线限制在课本上。要利用一切可以利用的语文资源,跳出教材,放大阅读范围。读书报杂志、"电子书"(电脑、网络、光盘)和"无字书"(自然万物、人情世故等),在广阔的空间里学习阅读、积累感悟、提高能力。

(4)应恰当地运用现代技术,使音像材料和文字材料互相补充,实现超文本阅读,提高阅读效率。

4. 主编声音

统编高中语文教材总主编温儒敏指出本次统编高中语文教材变化显著,涉及编写理念、结构体例、课文选取及内容设计,均有明显改进。这些变化并非是对既往教材教法的颠覆,而是针对以往语文教材教法中存在的随意、低效、不能适应新时代需要的问题进行改革,其核心特点是"守正创新"。

"守正"体现在,这套教材保留中国语文教育传统的优秀成分,体现十多年来课改的得失经验和以往语文教材编写值得借鉴的内容,这是教材编写的基础和资源。新教材改革力度大,课文、体例和教法都体现了"新",这套教材的"新",是在原有基础上的变化革新,在此基础上"创新",教材的"亮点"显著:一是编写的立意更高,遵循中央提出的"立德树人"指导思想,通过"整体规划,有机渗透"的设计,结合语文学科特点落实社会主义核心价值观教育。二是贯彻高中语文课程标准的精神,更新教育观念,改进教学方式,有针对性地改变目前语文教学存在的一些偏误。三是借鉴世界上母语教学先进的经验,关注信息环境下的教育教学改革,让教材更符合语文教育的规律,也更适合新时代公民基础教育的需要。

高考改革正在推进,2019 年进入新高考的 6 个省市率先使用高中统编教材,一方面体现与新高考的配套衔接,另一方面,新教材落实新课标精神,实施课程和教法的改革,在探索之中前行,需要通过实践的检验不断修订。

使用新教材,改革语文教学,必须立足于学情,根据自身条件,在原有基础上逐步调整、改进和更新。新教材的使用,关键是教师,教师的思想和业务水平必须跟上,吃透教材,才能用好教材。

建议使用新教材时,可根据实际情况分步实施:初期可先尝试用新方式教授一两个单元,积累经验后,再逐步推广新的教学方式,应给予学校和老师一定的选择权。①

二、2017 年版高中语文课程标准下新教材的体例、内容

1.统编教材体例及 2019 年部编本高中语文新教材目录

(1)统编教材体例

按照教育部《关于做好普通高中新课程新教材实施工作的指导意见》,从 2019 年秋季学期起,全国各省(区、市)普通高中将分步实施新课程、使用新教材。2022 年秋季开学,全国各省(区、市)均启动实施新课程新教材。语文教材变化明显,中华优秀传统文化方面的内容贯穿必修、选择性必修和选修各个部分。内容更全,在"课内外读物建议"部分,增加了《老子》《史记》等文化经典著作,要求学生广泛阅读各类古诗文,覆盖先秦到清末各个时期;分量更多,明确规定"课内阅读篇目中,中国古代优秀作品应占 1/2";要求更高,设置中华优秀传统文化学习专题,"古诗文背诵推荐篇目"数量从 14 篇(首)增加到 72 篇(首),提高了学习要求。

---

① 温儒敏:《统编高中语文教材的特色与使用建议》,《语文学习》2019 年第 9 期。

（2）2019 年部编本高中语文新教材目录（表 4 – 2）

表 4 – 2 　2019 年部编本高中语文新教材目录

必修上册	选择性必修上册
第一单元	**第一单元**
1 沁园春·长沙/毛泽东	1 中国人民站起来了/毛泽东
2 立在地球边上放号/郭沫若	2 长征胜利万岁/杨成武
红烛/闻一多	＊大战中的插曲/聂荣臻
＊峨日朵雪峰之侧/昌耀	3 别了，"不列颠尼亚"/周婷 杨兴
＊致云雀/雪莱	＊县委书记的好榜样——焦裕禄/穆青 冯健 周原
3 百合花/茹志娟	4 在民族复兴的历史丰碑上——2020 中国抗疫记/钟华论
＊哦,香雪/铁凝	单元研习任务
单元学习任务	**第二单元**
第二单元	5《论语》十二章
4 喜看稻菽千重浪	大学之道/《礼记》
——记首届国家最高科技奖获得者袁隆平/沈英甲	＊人皆有不忍之心/《孟子》
＊心有一团火,温暖众人心/林为民	6《老子》四章
＊"探界者"钟扬/叶雨婷	＊五石之瓠/《庄子》
5 以工匠精神雕琢时代品质/李斌	7＊兼爱/《墨子》
9 芣苢/《诗经·周南》	单元研习任务
插秧歌/杨万里	**第三单元**
单元学习任务	8 大卫·科波菲尔(节选)/狄更斯
第三单元	9 复活(节选)/列夫·托尔斯泰
4 短歌行/曹操	10＊老人与海(节选)/海明威
＊归园田居(其一)/陶渊明	11＊百年孤独(节选)/加西亚·马尔克斯
5 梦游天姥吟留别/李白	单元研习任务
登高/杜甫	**第四单元**
＊琵琶行并序/白居易	逻辑的力量
6 念奴娇·赤壁怀古/苏轼	学习活动
＊永遇乐·京口北固亭怀古/辛弃疾	一　发现潜藏的逻辑谬误

聚焦·新起点
——核心素养导向下的语文教学育人模式变革

＊声声慢（寻寻觅觅）/李清照

单元学习任务

第四单元

家乡文化生活

学习活动

一 记录家乡的人和物

二 家乡文化生活现状调查

三 参与家乡文化建设

第五单元

整本书阅读

《乡土中国》

第六单元

10 劝学/荀子

＊师说/韩愈

11 反对党八股（节选）/毛泽东

12 拿来主义/鲁迅

13＊读书：目的和前提/黑塞

＊上图书馆/王佐良

单元学习任务

第七单元

14 故都的秋/郁达夫

＊荷塘月色/朱自清

15 我与地坛（节选）/史铁生

16 赤壁赋/苏轼

＊登泰山记/姚鼐

单元学习任务

第八单元

词语积累与词语解释

学习活动

一 丰富词语积累

二 把握古今词义的联系与区别

三 词义的辨析和词语的使用

二 运用有效的推理形式

三 采用合理的论证方法

古诗词诵读

无衣/《诗经·秦风》

春江花月夜/张若虚

将进酒/李白

江城子·乙卯正月二十日夜记梦/苏轼

选择性必修中册

第一单元

1 社会历史的决定性基础/恩格斯

2 改造我们的学习/毛泽东

人的正确思想是从哪里来的？/毛泽东

3 实践是检验真理的唯一标准/《光明日报》特约评论员

4＊修辞立其诚/张岱年

＊怜悯是人的天性/卢梭

5＊人应当坚持正义/柏拉图

单元研习任务

第二单元

6 记念刘和珍君/鲁迅

＊为了忘却的记念/鲁迅

7 包身工/夏衍

8 荷花淀/孙犁

＊小儿黑结婚（节选）/赵树理

＊党费/王愿坚

单元研习任务

第三单元

9 屈原列传/司马迁

10＊苏武传/班固

11 过秦论/贾谊

＊五代史伶官传序/欧阳修

古诗词诵读

静女/《诗经·邶风》

涉江采芙蓉/《古诗十九首》

虞美人(春花秋月何时了)/李煜

鹊桥仙(纤云弄巧)/秦观

必修下册

第一单元

1 子路、曾皙、冉有、公西华侍坐/《论语》

﹡齐桓晋文之事/《孟子》

庖丁解牛/《庄子》

2 烛之武退秦师/《左传》

3 ﹡鸿门宴/司马迁

单元学习任务

第二单元

4 窦娥冤(节选)/关汉卿

5 雷雨(节选)/曹禺

6 ﹡哈姆莱特(节选)/莎士比亚

单元学习任务

第三单元

7 青蒿素：人类征服疾病的一小步/屠呦呦

﹡一名物理学家的教育历程/加来道雄

8 ﹡中国建筑的特征/梁思成

9 说"木叶"/林庚

单元学习任务

第四单元

信息时代的语文生活

学习活动

一认识多媒介

二善用多媒介

三辨识媒介信息

单元研习任务

第四单元

12 玩偶之家(节选)/易卜生

13 迷娘(之一)/歌德

致大海/普希金

﹡自己之歌(节选)/惠特曼

﹡树和天空/特朗斯特罗姆

单元研习任务

古诗词诵读

燕歌行并序/高适

李凭箜篌引/李贺

锦瑟/李商隐

书愤/陆游

选择性必修下册

第一单元

1 氓/《诗经·卫风》

离骚(节选)/屈原

2 ﹡孔雀东南飞并序

3 蜀道难/李白

﹡蜀相/杜甫

4 ﹡望海潮(东南形胜)/柳永

﹡扬州慢(淮左名都)/姜夔

单元学习任务

第二单元

5 阿Q正传(节选)/鲁迅

﹡边城(节选)/沈从文

6 大堰河——我的保姆/艾青

﹡再别康桥/徐志摩

7 一个消逝了的山村/冯至

﹡秦腔/贾平凹

第五单元

　　10 在《人民报》创刊纪念会上的演说/马克思

　　在马克思墓前的讲话/恩格斯

　　11 谏逐客书/李斯

　　*与妻书/林觉民

第六单元

　　12 祝福/鲁迅

　　13 林教头风雪山神庙/施耐庵

　　*装在套子里的人/契诃夫

　　14 促织/蒲松龄

　　*变形记(节选)/卡夫卡

　　单元学习任务

第七单元

　　整本书阅读

　　《红楼梦》

第八单元

　　15 谏太宗十思疏/魏征

　　*答司马谏议书/王安石

　　16 阿房宫赋/杜牧

　　*六国论/苏洵

　　单元学习任务

古诗词诵读

　　登岳阳楼/杜甫

　　桂枝香·金陵怀古/王安石

　　念奴娇·过洞庭/张孝祥

　　游园(【皂罗袍】)/汤显祖

　　8 茶馆(节选)/老舍

　　单元研习任务

第三单元

　　9 陈情表/李密

　　*项脊轩志/归有光

　　10 兰亭集序/王羲之

　　归去来兮辞并序/陶渊明

　　11 *种树郭橐驼传/柳宗元

　　12 *石钟山记/苏轼

　　单元研习任务

第四单元

　　13 自然选择的证明/达尔文

　　*宇宙的边疆/卡尔·萨根

　　*天文学上的旷世之争/关增建

　　单元研习任务

古诗词诵读

　　拟行路难(其四)/鲍照

　　客至/杜甫

　　登快阁/黄庭坚

　　临安春雨初霁/陆游

注:篇名前标有*的为自读课文。以上目录选自教材版本为:

普通高中教科书 语文必修上册:2019 年 6 月第 1 版,人民教育出版社

普通高中教科书 语文必修下册:2020 年 1 月第 1 版,人民教育出版社

普通高中教科书 语文选择性必修 上册:2020 年 3 月第 1 版,人民教育出版社

普通高中教科书 语文选择性必修 中册:2020 年 6 月第 1 版,人民教育出版社

普通高中教科书 语文选择性必修 下册:2020 年 6 月第 1 版,人民教育出版社

2. 统编教材重点内容

2019 年 8 月 27 日,教育部宣布高中统编教材目录已公布,三科统编教材将于 2019 年秋季学期起在北京、上海等六省份普通高中起始年级率先使用,其余省市陆续推进,至 2022 年前全部使用新教材。普通高中语文教材总主编温儒敏介绍,新教材与原版人教版教材相比,变化约 40%,要求背诵的古诗词增至 20 篇,并增加了《乡土中国》和《红楼梦》为整本书阅读内容,阅读量大大增加。

普通高中《语文》全套教材共 5 册,其中必修教材分上、下 2 册,选择性必修教材分上、中、下 3 册。必修教材每册 8 个单元,覆盖 7 个学习任务群;选择性必修教材每册 4 个单元,覆盖 9 个学习任务群。另外,教材设计了 4 个独立的"古诗词诵读"版块。28 个单元中,22 个单元以课文为核心构建,基本栏目包括单元导语、选文、学习提示、单元学习任务(选择性必修教材称为"单元研习任务")。教材将写作任务融入单元学习任务中,读写结合,发挥课文的范文作用,读什么写什么,解决读写分离的问题。教材还有 2 个整本书阅读单元和 4 个活动类单元。重点学习内容主要有四方面:

一是中华优秀传统文化,教材精选反映中华优秀传统文化的经典名篇,注重题材的多样性和体裁的覆盖面,从古风、民歌、绝句、律诗到词曲,从诸子散文到历史散文,从两汉论文、魏晋辞赋到唐宋明清古文,从文言小说到白话小说,均有呈现。共选入古代诗文 67 篇(首),占全部课文数(136 篇/首)的 49.3%。其中古诗词 33 首,古文 34 篇。

二是革命文化,教材选取反映革命传统和革命精神作品,讴歌革命领袖的丰功伟绩,赞颂革命英雄人物事迹,凸显革命理论文章的指导价值,激发学生热爱中国共产党、热爱祖国的情感。其中,有毛泽东的《沁园春·长沙》《改造我们的学习》等 5 篇(首)文章,鲁迅《拿来主义》《纪念刘和珍君》等 5 篇文章,还有《长征胜利万岁》《大战中的插曲》《百合花》等多篇作品。

三是社会主义先进文化,教材注重选取反映社会主义建设和改革开放时期的作品。这些课文,有的反映党领导人民建设社会主义的伟大成就,展现祖国日新月异的变化，如《哦，香雪》；有的讴歌时代楷模，赞颂自力更生、执着探索、忘我奉献的宝贵精神，如《喜看稻菽千重浪——记首届国家最高科技奖获得者袁隆平》《青蒿素：人类征服疾病的一小步》；有的反映党在新时期的理论探索，体现出理论对实践的巨大指导作用，如《实践是检验真理的唯一标准》。

四是国外优秀文化，教材中选入了十多篇外国文学文化经典作品，如《复活》《百年孤独》《哈姆雷特》《致云雀》等。这些作品的选取注重文学性与思想性的结合，旨在引导学生运用历史唯物主义和辩证唯物主义进行分析，培养批判性思维，增强对文化的理解能力，提升文化鉴别力。①

第二节　针对新教材探寻适应的教学策略和方法

本节针对新教材特点，明晰教材使用建议，探寻适应的教学策略和方法并就教学整体规划提出相关建议。

探寻统编高中语文新教材的教学策略和方法，首先应关注部编高中语文新教材的特色，并在此基础上进行探究。而对教材改革力度大、课堂教学主体转换、读书要求高等挑战，教师需要采取相应措施。新教材总主编温儒敏建议，备课新教材需认真研读《普通高中语文课程标准(2017年版)》，并通过多读书来增强学养。因此，用好新教材，关键在于认真研读新课标，提升对教学的认识高度。

从实践层面看，对照研究《普通高中语文课程标准(2017年版)》和新教材，可以加深对教材编写理念和设计意图的理解。新教材依据新课标编写，体现了新课标要求之下的"新"。将二者结合研究，可探究变化与创新背后的理论支撑与政策导向，从而进一步探究教材具体在哪些方面发生了变化。

---

① 赵秀红：《总主编详解普通高中三科统编教材》，《人民教育》2019年第18期。

以下围绕统编高中语文教材变化最大、创新最显著的几个方面,提出具体的使用建议,并探寻适应的教学策略和方法。

一、了解新教材的结构和体例

1. 教材结构。统编高中语文教材分为必修和选择性必修。必修 2 册,为必须学习的内容,要求所有高中生学习,选择性必修 3 册,同样要求绝大多数学生学习。必修在高一年级学习,选择性必修在高二年级学习。

2. 单元组织。整套教材的单元组织以人文主题和学习任务群为线索。人文主题充分考虑新时代高中生人格和精神成长的需要,涉及面宽,聚焦在:"理想信念""文化自信""责任担当"三个方面。每个单元的人文主题突出其中某一方面。学习任务群是单元组织的另一条线索,每个单元设计指向语文核心素养的学习任务,用以保证语文工具性的落实。

3. 教材体例。必修教材每册 8 个单元,共 16 个单元,涉及 7 个学习任务群。选择性必修每册 4 个单元,共 12 个单元,涉及 9 个学习任务群。

4. 单元组织形式。单元的组织形式有两类:一类以课文或整本书的阅读为基础,读写结合;另一类不设传统意义上的课文,以专题性的语文活动为主,带动相关资源的学习,如"当代文化参与""跨媒介阅读与交流""语言积累、梳理与探究"等。

5. 单元体例。以课文学习为主的单元,包含 4 个方面:单元导语、课文、学习提示和单元学习任务。导语为本单元的主题、课文选收意图和主要教学目标。每个单元一般收录 4 至 6 篇课文,分为 2 至 4 课。"课"的划分主要根据学习任务群的要求,依据课文的内容和写法特点进行组合,一课含 1 至 3 篇课文不等,实行群文教学。

6. 学习提示。新教材对"课后习题"部分进行了调整,将"课后习题"调整为"学习提示"。新教材不设课后习题,而是在课后设置学习提示,用以设定学习情境、引发兴趣、提示学习要点和方法。单元后设有单元学习任务,原则上包含 3 至 4 个活动。其中一个活动凸显单元人文主题,另外两个活动一者从不同层面引领思考、探究和交流,一者指向写作。

7.课外诵读。必修上下册和选择性必修上中册都安排有"古诗词诵读",每册收录古诗词4首,一共收录16首。这些"古诗词诵读"主要体现为课外诵读。[①]

二、探究学习任务群

1.探究学习任务群是用好新教材的关键

"学习任务群"即是要学习和掌握的概念,又是一种教学方式。"学习任务群"是《普通高中语文课程标准(2017年版)》提出的新术语,代表了一种全新的学习理念,也是新教材贯彻的最重要理念。

学习任务群作为一个全新概念,其源于十多年课程改革经验,是在"语文核心素养"观念提出后,在教学实践中探索出的新概念。在教学改革的过程中,各地教师不同程度地尝试过"主题教学""综合性活动""大单元教学"等,很多做法和学习任务群都有共通之处。学习任务群虽然是一种新的教学方式,但是仍然强调以课堂教学为主,强调听说读写,这可以与传统教学经验相结合,在新课程标准的基础上进行调整和改革,在实践中得到落实。

当谈及"学习任务群的提出的学理根据",以及"为什么教材要改为以学习任务群为主的单元教学",教材总主编温儒敏指出以前是以单篇课文和课时为基本教学单位,课是一篇一篇讲的,教师讲授为主,听说读写的训练分布到各个教学环节。这样做的好处是每一课都学得比较精细,知识点和能力点突出,但灌输式讲解过多,"刷题"太多,导致学生自主学习太少,读书太少。比如讲散文,尽管每篇的特点不同,但教学的思路程式大致就那样,总是段落大意、主题思想、作者情思、篇章结构、写作方法,等等,最后得出诸如"情景交融""比喻的手法""形散神不散"之类大同小异的结论。"刷题"也大都围绕这些内容反复进行。我们的语文课总是显得零碎、重复、随意,可能跟这种陈陈相因的教学方式有关。现在高中语文提倡学习任务群教学,希望以学习任务来整合单元教学,突破单篇阅读精讲细析的固定模

---

① 温儒敏:《统编高中语文教材的特色与使用建议》,《语文学习》2019年第9期。

式,让学生在自主的语文实践中学会学习,建构语文核心素养。某个单元或者某一课主要学会哪些基本知识和关键能力,有哪些"干货",做到心中有数,有助于克服语文教学的随意性。采用这种形式也是为了减少灌输式讲解,多匀出时间让学生自主学习,带着问题学,拓展阅读面,扩大阅读量,这也有助于解决语文教学长期以来存在的"读书少"的问题。课改以来,语文教学虽普遍注重发挥学生学习的主动性并持续改进,但高考压力使应试教育"套路"仍具"市场",这给教师带来困扰。新教材的使用有望使教学方式变得更灵活有效,并贴近新高考的要求。学习任务群教学就是值得尝试的一种好办法。①

2. 用好新教材,实行学习任务群教学

学习任务群是新教材主要的教学形式,尝试这种新形式,必须先认真研究新教材如何贯彻新课标,这是使用新教材首先要做的"功课"。当然,围绕学习任务群,有些新概念和新要求,也必然带来教学上的变化与革新。理解这些新概念和新要求,对于用好教材关系甚大。

（1）明确单元学习任务群

备课过程中,首先要明确单元学习任务群。以必修上册第一单元为例,必修上册第一单元包含毛泽东诗词、现代诗、外国诗、两篇现代小说,文体多样。传统教学会对这样的多文体文本感到茫然,毕竟与传统教学精细化文本研读的内容、目标相去甚远。但是,一旦认真研究这一单元的导语、课文、学习提示以及单元学习任务,就会发现这一单元属于同一学习任务群"文学阅读与鉴赏"。学习任务群"文学阅读与鉴赏"单元的任务是"学习文学类阅读的基本方法,领会和思考'青春的价值'"。教师在备课过程中,可以结合教师用书,聚焦学习任务群。建议教师在备课过程中重新研究和参照课程标准,关注其中对单元所承担的学习任务群的定义和要求。如必修"文学阅读与鉴赏"单元的学习目标与学习内容,是强调作品精读,根据不同文体特点从语言、构思、形象、意蕴、情感等多个角度欣赏作品,那么这

---

① 温儒敏:《统编高中语文教材的特色与使用建议》,《语文学习》2019 年第 9 期。

个单元的教学重点就要放在启发学生通过诗歌和现代短篇小说的欣赏,举一反三,掌握阅读诗歌和短篇小说的一般方法。课标对"文学阅读与鉴赏"任务群的教学也有建议,包括如何做好问题设计,提供阅读策略指导,在学习过程中进行指导点拨,以及引导制订读书计划,等等。这些建议在教材的学习提示和单元学习任务中已经有所体现,备课要关注"如何体现",并把这种"体现"的意图转化为引导学习者自主去思考问题和解决问题。

(2)细化单元学习任务

在掌握单元学习任务群后,需要关注单元学习任务的使用。即怎样细化任务,细化为教学的目标、要点、难点,从而形成教学方案。单元学习任务不同于之前教材的习题,不是学完一个单元之后的练习,而是对学习任务即教学方案的提示。单元学习任务应置前,是设计单元教学方案的主要依据。我们可以参照单元学习任务,来设计一个单元的教学环节。

(3)关注教案设计向学习活动的转移

教案设计应由传统的授课讲稿或程序,逐渐转变为关注学习活动,即关注问题(课题)的设计,关注如何解决问题(课题)的方法,关注材料提示及材料提示对学习和交流活动的组织引导,关注对读书方法的引导,等等。

(4)转换教师角色

教师需由传统教学的讲授为主,转变为引导学生在语文实践即活动中学习。教学的落脚点不以讲授为唯一,即不必限定讲授,同时,将教学的落脚点转变为如何更好地安排学生进行自主学习。课堂的讲授应围绕自主学习的任务去设计。以必修上册第一单元4个单元学习任务为例,此类学习任务当以活动为主,教师应引导学习者通过学习,带着问题与任务,在一定的情境中去"活动"。

(5)转化教学设计对问题设定和学习方法的引导

前文谈到,教材设计的单元学习任务已经提供活动主题或活动内容,侧重点不一,层次多样。建议教师在备课过程中,认真研究单元学习任务,思考如何将任务转化为学习的问题和学习的方法,研究如何通过活动去解决问题,从而引导学生学会学习。考虑到各地的学情不同,新教材并没有为每一课设计教学方案,鉴于此,教师应当根据自己所面对的学情,按照学情、因地制宜,开展自主设计。同时,这类自主设计也可以在教材的单元学习任务基础上,设计更加贴切有趣的活动,①但其核心目标仍然指向单元的学习任务群。

(6)明确教学设计方向

新课标对各个学习任务群的教学功能、目标有明确要求,建议教师在实践备课过程中,结合课标的要求,明确教学设计方向。例如,课标在论述语文核心素养时,强调"通过语言运用,获得直觉思维、形象思维、逻辑思维、辩证思维和创造思维的发展",强调要帮助学生形成"正确的审美意识、健康向上的审美情趣与鉴赏品位",强调直觉思维、形象思维、审美情趣等。教师在设计教学时,需围绕课程标准的要求进行设计,例如在设计"文学阅读与鉴赏"这个单元,应当超越传统教学过程中偏重文体、偏重知识灌输的教法,在设计学习活动和问题时,以诸如直觉思维、形象思维、审美情趣等能力培养为核心,向培养语文核心素养的目标靠拢。

三、关于任务驱动

新教材提倡以学习任务群为中心的大单元教学,教师应首先明确单元所承担的任务是什么,再以任务来带动整个单元的教学。教材中的单元学习任务,不是课后练习,而是设计这个单元教学的依据,也是学生用以整合单元课文阅读与写作的抓手。这便是任务驱动。

关于任务驱动,新教材总主编温儒敏给教师如下建议:教师应当根据单元所承担的学习任务群和课文的形式内容要求,来设置任务驱动。有的可以是整个单元预设一个情境、一个任务;有的也可以一课(可能是一组课文)设定一个情境、一个任务。设置任务驱动时,虽任务在前,但教师仍需适度引导,可少讲少管或仅布置问题后完全放手。教师要思考提出什么问题、布置什么活动才能更好地实现这个单元或者这一课的教学目标,并真正调动学生自主学习的积极性。这一工作对教

---

① 温儒敏:《统编高中语文教材的特色与使用建议》,《语文学习》2019 年第 9 期。

师的要求更高了,相比以往的教学流程更加需要精心策划。另外,在实施任务驱动时,对课文的精读和理解,是课堂教学的前提,特别是那些比较艰深的课文,比如有些古文,或者与学生比较隔膜的经典文章,还是要先帮助学生读懂读通。教师的讲解应指向任务、有针对性,并启发学生自主阅读。设计任务驱动,任务在前,要提醒不能只是奔着任务去阅读,也不是单纯为了解决问题或者参加讨论去阅读。本来课文有很丰富的内涵,可以有各种个性化的理解,如果太功利,又先入为主,反而就窄化了对课文的理解。很多课文都是经典,让学生接触经典,本身就是教学的重要目标,不应该把课文纯粹作为解决问题、完成任务的材料或者讨论问题的支架。在实行学习任务群单元教学,设计任务驱动时,既要设定活动,又要警惕一边倒,还是要尊重学生个性化的阅读,留给学生更多感受和理解的空间,避免被任务捆绑。教师在布置任务时,需心中有数,并适时提醒学生。[1]

四、关于群文教学

新教材实施学习任务群单元教学,课的构成不再以单篇课文或课时作为基本构成单位,而是根据任务来设置。修订前的教材以篇章为单位,一篇文章即为一课,新教材现保留了一篇文章作为一课的形式,但更多的情况是一组课文作为一课。因此要求教学的方式随之进行变化,即不再强调单篇文章的教学,而是以篇目组为单位进行教学,即强调群文教学。

群文教学在一定程度上有利于调动学生的自主学习,但并非是群文教学完全取代单篇教学。在新教材中,单篇教学和群文教学是并存的。例如比较深奥的经典古文,仍可作为单篇教学进行保留。[2]

同时需要关注,群文教学亦应有精读、略读之分,一组课文中的 2 篇或者 3 篇文章,要区别精读、略读,教师在实际教学过程中通过精读强调引导、强调方法、强

---

① 温儒敏:《统编高中语文教材的特色与使用建议——在统编高中语文教材国家级培训班的讲话》,《课程·教材·教法》2019 年第 10 期。

② 温儒敏:《统编高中语文教材的特色与使用建议——在统编高中语文教材国家级培训班的讲话》,《课程·教材·教法》2019 年第 10 期。

调例证,从而指导学习者学会如何读书、如何思考,并带领学习者围绕任务要求,在任务驱动下去进行泛读学习。

五、关于活动与情境

新教材的设计强调学习任务通过活动完成,学生在活动中建构自己的学习经验,扭转"刷题"的题海式应试学习。关于教材的活动设计,大多数仍然在课堂教学中实施,课堂教学仍是主要学习形式,但是要更加注意学习主体的转换,即强调调动学生学习的自主性。同时,"活动"并非狭义的理解为"课外活动",亦不可脱离语文课程的实际,安排与语文无关的活动。关于这一点,温儒敏强调了语文学习最重要的活动,还是读书,即阅读与鉴赏、表达与交流、梳理与探究。

建议教师在设置"活动与情境"时,营造一定的课堂场景氛围,以支持学生在一定的情景中开展自主、合作、探究的学习,从而帮助学生更好地理解教学内容。新教材所提倡的"情境教学",强调精心设计并组织教学活动,确保学习活动富有情境性,不仅是为了激发兴趣,更是为活动的展开提供背景、条件与氛围。情境可以是课堂教学内容涉及的语境,且对学生的学习活动而言必须是真实的,能贴近生活经验,促进深度学习。

新教材的单元学习任务和学习提示,均已设定有活动的情境,教学中可以参考采用,但更多的活动情境还是需要根据课文内容和任务的要求来设计。

需要注意的是,虽然语文教学的方式多种多样,情境教学有一定优势,但有些学习主要靠理论推导,对高中生而言,并非所有任务群的学习都要设定情境。[1]

六、关于整本书阅读

整本书阅读作为任务群专设 2 个单元,在必修中完成。统编初中语文教材将整本书阅读设计为"名著导读",每册指定两册书,强调增大阅读量。统编高中语文教材结合高中生的学习实际,统筹为《乡土中国》和《红楼梦》。整本书阅读作为

---

[1] 温儒敏:《统编高中语文教材的特色与使用建议——在统编高中语文教材国家级培训班的讲话》,《课程·教材·教法》2019 年第 10 期。

新教材中的新课型,需在实践中不断总结经验,探寻更好的教学策略。

新教材中的整本书阅读设计以提示性为主,主要包括"阅读指导"和"学习任务"两部分。"学习任务"主要引导阅读和思考,供学生进行任务选择,择取完成。

整本书阅读旨在引导学生通过阅读整本书,拓展阅读视野,建构读书的经验,形成适合自己的读书方法。整本书阅读强调功夫在课外,应以课外阅读为主。课堂上可以进行交流分享等读书活动,教师可以进行引导,提供读"这一类书"的方法引导。比如,读《乡土中国》,可以要求学生注意概念和大小纲目,注意理论推导。读《红楼梦》,可以要求整体把握作品的思想内容和艺术特点,注意从自己感触最深的地方入手去探究、体验与欣赏。整本书阅读不可以单一理解为课文教学的讲解,更不能以教师的讲解代替或限制学生的阅读与思考。整本书阅读的作用在于通过"读书"涵养性情、培育毅力、提升心智、祛除浮躁。①

七、关于综合活动单元

综合活动单元作为新课型,仍然处于探索阶段,教师可以结合学情进行具有实践开拓意义的实际操作。

例如"当代文化参与",该单元设置在必修教材中,要求做家乡文化生活调查,其目的是引导学生积极参与当代文化生活,拓展语文课的外延,将语文课由课堂引入到生活,从而学以致用,与社会生活相结合。这部分的教学重点需放在指导学生设计调查方案、实施访谈和调查,需强调提高语文综合运用的能力。同时,在实践过程中,要突出语文的学科属性,例如将调查访问与书面学习相结合,即活动必须围绕语文的学科属性进行设计和实施。

又如"跨媒介阅读与交流",该单元设置在必修下册,主题为了解"信息时代的语文生活"。教学中的重点需引导学生认识多媒体,善用多媒体。引导学生学习跨媒介的信息获取、呈现与表达,观察、思考不同媒介语言文字运用的现象,提高跨媒

---

① 温儒敏:《统编高中语文教材的特色与使用建议——在统编高中语文教材国家级培训班的讲话》,《课程·教材·教法》2019 年第 10 期。

介辨析、分享与交流的能力。

再如"语言积累、梳理与探究"，这两个单元强调"词语积累与词语解释"和"逻辑的力量"，一者设置于必修上册，一者设置于选择性必修上册，从语言运用角度强调学习逻辑的基本知识，其落脚点主要体现为思维训练。

八、强调读书为本

新教材投入使用，提倡"少做题，多读书"，回到语文教学的本质。统编高中语文教材针对目前语文教学"读书少"的问题，强调培养读书兴趣，提倡重视读书方法的养成，扩大阅读面，提升阅读品位。教材重视经典文本的选编，统筹安排古今中外各类文章作品的比例，并设置一定程度的拓展阅读书目，其出发点在于激发读书兴趣，养成读书习惯。教材所提倡的新的理念和教法，包括聚焦学习任务群、自主性学习、在活动中学习等，这些都离不开读书这一根本任务。

第三节　案例推介——关于如何构建促进学生核心素养发展的语文教学模式

为方便语文教师在教学过程中构建促进学生核心素养发展的语文教学模式，本节以案例推介的方式进行介绍，围绕课程育人导向，基于教学研究案例，关注如何落实学科核心素养。

本节推荐的两个案例均为统编高中语文教材的教学实施研究案例，以必修教材上册为例，聚焦任务群，一篇为茹清平《学习任务群视域下的"实用性阅读与交流"——以统编高中语文必修上第二单元教学为例》，一篇为笔者关于统编教材必修上第三单元任务群"文学阅读与写作"所做的案例研究——《梦醒盛唐 感悟人生——〈梦游天姥吟留别〉〈登高〉任务群设计》。通过教学实践案例，思考新课标、新教材、新理念背景下，核心素养导向的语文教学模式的有效建构。

一、案例一

学习任务群视域下的"实用性阅读与交流"

——以统编高中语文必修上第二单元教学为例①

以必修一第二单元为例,谈基于学习任务群"实用性阅读与交流"。

研读部编高中语文必修一第二单元"实用性阅读与交流"教学设计,需要对学习任务群视域下的"实用性阅读与交流"进行深入研究。一方面需要领悟《普通高中语文课程标准(2017年版)》对"实用性阅读与交流"的教学要求,另一方面需要打破传统的单篇教学方式,对统编教材必修上第二单元的结构和体例进行准确把握。关注"交流",凸显"实用性阅读与交流"的特性,并以学生的语文实践为主线,帮助学生有效建构"新闻写作"的言语体系,落实"学习任务群"的任务设计。

1.找准坐标:"实用性阅读与交流"教学的前提

(1)《普通高中语文课程标准(2017年版)》对"实用性阅读与交流"的阐述

《普通高中语文课程标准(2017年版)》对"实用性阅读与交流"任务群做如下阐述:"本任务群旨在引导学生学习当代社会生活中的实用性语文,包括实用性文本的独立阅读与理解,日常社会生活需要的口头与书面的表达交流。通过本任务群的学习,丰富学生的生活经历和情感体验,提高阅读与表达交流的水平,增强适应社会、服务社会的能力。"②

"实用性阅读与交流"有三大类教学内容:社会交往类、新闻传媒类、知识性读物类。统编教材必修上第二单元的"实用性阅读与交流"属于新闻传媒类。关于"新闻、通讯"类的教学,"高中课标"提出两项建议。其一,教学以社会情境中的学

---

① 茹清平:《学习任务群视域下的"实用性阅读与交流"——以统编高中语文必修上第二单元教学为例》,《中学语文教学》2020年第2期。
② 中华人民共和国教育部:《普通高中语文课程标准(2017年版)》,人民教育出版社,2018年。

生探究性学习活动为主,合理安排阅读、调查、讨论、写作、口语交际等活动。其二,在分析与研究当代社会传媒的过程中学习。如自主选择、分析研究一份报纸或一个网站一周的内容。分析其栏目设置、文体构成、内容的价值取向,撰写文字分析报告,多媒体展示交流。推荐最精彩的一个栏目、不同体裁的精彩文章1—2篇,并说明理由。尝试选择传统媒体和新媒体写作。①

从"高中课标"对"实用性阅读与交流"的阐述不难发现,"实用性阅读与交流"具有三大特点。其一,丰富性。指向"当代社会生活中的实用性语文",涵盖社会生活的方方面面。其二,实用性。其目的是"适应社会、服务社会",学以致用。其三,活动性。或是探究性学习活动,或是阅读、调查、讨论、写作、口语交际等活动,打破了以往静态教学的状态,为课堂注入了新的血液。

(2)统编教材必修上第二单元的结构和体例解读

和以往同类教材相比,无论编写理念、结构体例,还是课文选取、内容设计,统编教材都有明显的变化与改进。从第二单元的结构和体例,我们不难发现以下特点:

一是双线并进。人文主题和学习任务群双线并进,其中,"劳动光荣"为"人文主题"线索,落实立德树人的要求;"新闻类文本阅读与交流"为"学习任务群"线索,落实语文工具性的要求。

二是新型框架。即由单元导语、课文及注释、学习提示、单元学习任务等若干栏目组成组织架构。其中单元核心任务是围绕单元人文主题并基于学习任务群的特点提出的,体现课程标准倡导的大单元、大任务、大情境的理念,具有统领整个单元的意义。

三是"群文组元"。统编教材不再像以往教材那样基本是单篇成课,而是以主题、内容或写法聚合,打破文体限制,以单篇加多篇的方式组合成教学资源,带有明显的"群文组元"性质。如,第4课"人物通讯类"包括沈英甲《喜看稻菽千重浪—

① 中华人民共和国教育部:《普通高中语文课程标准(2017年版)》,人民教育出版社,2018年。

一记首届国家最高科技奖获得者袁隆平》、林为民《心有一团火,温暖众人心》、叶雨婷《"探界者"钟扬》等一组课文。

准确把握第二单元的结构和体例,有助于我们有针对性地选取恰当的教学方法组织教学活动。

2.凸显特性:"实用性阅读与交流"教学的关键

实用性阅读与交流"指向生活实用,只求实用性和普适性①,且"高中课标"要求在"实用性阅读与交流"任务群学习中"引导学生学习当代社会生活中的实用性语文"。因此,第二单元教学的关键在于凸显"指向生活实用""学习当代社会生活中的实用性语文"这两大特性。如何凸显这两大特性呢?

其一,从"新闻阅读"走向"新闻写作"。

以必修上第二单元《喜看稻菽千重浪》为例,可以通过以下学习任务帮助学生建构人物通讯的语言体系,实现从"新闻阅读"走向"新闻写作"的第一步跨越。

任务1:课文分为四个部分,每个部分有一个小标题,如果《科技日报》主编要求换一个角度拟写四个小标题,每个小标题都从某一个侧面凸显袁隆平作为一名农业科学家的品质特点,你如何拟写?

任务2:人物通讯写作有以下要求:主题要明确(围绕主题取舍材料),材料要精当(有典型意义、有吸引力、有价值),角度要新颖(从不同的角度去观察思考),事与人相结合,时间要准确。请阅读本文,分类梳理最能体现新闻写作特点的语言,并写出你的鉴赏评语。

任务3:请采访学校你最敬仰的一位老师,整合采访材料,写一篇人物通讯。

从学校和社会的关系而言,今天的课程都是将来学生进入社会的铺垫。人的素养形成,不外乎两个源头:一是汲取间接经验,多半来自文本阅读;二是积累直接经验,主要依赖社会实践。而"实用性阅读与交流",虽然也有赖于文本阅读,但它

---

① 褚树荣:《经世致用:"实用性阅读与交流"任务群解读》,《语文学习》2018年第9期。

的实用指向,使它具备了社会化和实践性的特点。① 如果说任务 1、任务 2 侧重于"汲取间接经验",旨在引导学生走进文本,感知、体认、理解人物通讯的语言特征,那么任务 3 则是"积累直接经验",旨在引导学生与生活发生联系,促进学生对新闻类文体语言的建构与内化。

其二,从"新闻写作"走向"新闻创新"。

"实用性语文"是"高中课标"新出的一个概念,如果要发挥新闻写作在社会交往中的作用,除传统的调查、访谈、述评,主持、电视演讲与讨论这类"新闻写作"外,还应走向"新闻创新",尤其要在新闻"网络新文体"(包括比较复杂的非连续性文本)的写作上鼓励学生进行大胆尝试,实现从"新闻写作"走向"新闻创新"的第二步跨越。

所谓新闻"网络新文体"是指通过网络平台采写或发布的新闻,具备快捷、互动、多媒体、多渠道等特点。这类体现"实用性语文"特征的"网络新文体"创新写作,可以给学生三方面体验。其一,体验新闻的"实时"性。"全时"报道,对事件进行全天候跟踪。其二,体验层次化、专题式报道形式。一篇完整的网络新闻包括了标题、内容提要、正文、背景链接、相关文章或延伸性阅读等六个层次,而相关报道又以专题形式存在,专题之下还有子专题、子新闻等,形成立体化、网络状的新闻报道模式。其三,体验交互式新闻报道方式。如,通过网络新闻,实现传播者和受众的互动模式,甚至是共同参与新闻报道。若能开展这样的写作尝试,无疑为学生适应未来的学习和工作打下了良好的基础。

3. 任务设计:"实用性阅读与交流"教学的抓手

"语文学习任务群"的关键词是"任务",从"学习内容"到"学习任务",虽然一词之差,它却是语文学习在本体定位上从"知识—文本"向"语言实践活动"转化的重要标志。以必修上第二单元的教学任务设计为例,可以从两个维度思考。

其一,设计"单元学习任务"板块,落实具体学习要求。

---

① 褚树荣:《经世致用:"实用性阅读与交流"任务群解读》,《语文学习》2018 年第 9 期。

这一板块是对核心任务的分项具体落实,是核心任务的具体而微,也是对学习内容的整合、提升与实践。教材一般给每个单元设置3至4个学习任务,这些任务具有整合性、结构化的基本特点。整合性指的是,设计任务时要把听说读写打通起来考虑,要把过去常说的阅读与鉴赏、表达与交流、梳理与探究整合到一起,分中有合,共同服务于核心能力的培养。①

必修上册第二单元新闻作品的学习,可设计以下4个"单元学习任务"板块:

一是从文章内涵出发,探讨劳动的价值与意义。

二是从文章的结构、写法特点出发,探讨新闻作品的独特性。

三是关注身边的人物,写一个熟悉的劳动者。

四是编辑一份以"致敬劳动者"为主题的新闻特刊(内容至少包括人物通讯、新闻评论、新闻人物素描),交流"好新闻评选标准",评出优秀"新闻特刊"并在全班交流展示。鼓励有条件的同学以学校生活为主题,进行新闻"网络新文体"写作。

任务板块1基于本单元文章的阅读,围绕单元主题进行设计,并尽可能与学生的生活实际建立联系或适度向外拓展;任务板块2整合文本的共同特点,从文章结构、写法、特色等方面进行设计,帮助学生达到本单元工具性的学习目标,或向外延伸拓展,与实际生活建立联系;任务板块3、4引导学生借鉴单元选文的写法进行写作实践,提升写作素养。这些任务相互关联、前后呼应,构成一个结构化的语文实践活动系列,以综合提升学生的语文核心素养。

其二,开展有效的教学活动,助力学习任务的落实。

"高中课标"指出,语文学习任务群是"从祖国语言文字的特点和高中生学习语文的规律出发,以语文学科核心素养为纲,以学生的语文实践为主线"设计而成的,要"引导学生在运用语言的过程中提升语文素养"。② 也就是说,学习任务群中所设计的学习项目,所关注的学习内容、学习资源、学习方法,所设置的学习情境

① 王本华:《任务·活动·情境——统编高中语文教材设计的三个支点》,《语文建设》2019年第21期。

② 中华人民共和国教育部:《普通高中语文课程标准(2017年版)》,人民教育出版社,2018年。

等,都不是孤立存在的,而是以恰当的活动为载体,通过一定的言语实践活动让这些因素建立起联系,从而建构知识和学习体验,完成相应的任务。必修上第二单元"实用性阅读与交流"可以开展哪些有效的活动呢?

第一类,阅读鉴赏活动。运用理解、筛选、排列、分类、分解、分析、归类、组合、整合、概括等方法,点面结合,准确理解文本。"点",就是把握文章关键性的语句。如人物通讯对人物精神品质的概括,新闻评论的主要观点等。抓住关键语句,就能理解文章的概要;"面",即新闻的材料、材料的描述、观点的阐释。

第二类,口语交际活动。演讲辩论、新闻品鉴、好新闻推介等。高中语文 18 个任务群中涉及"口语交际"这一共同基础的只有"汉字汉语专题研讨"和"实用性阅读与交流"。也就是说,口语交际活动主要落在"实用性阅读与交流"任务群上,教学中不能缺少这类口语交流实践活动。

第三类,写作实践活动。如人物通讯写作、新闻述评写作、新闻人物素描等。

第四类,综合实践活动。新闻人物采访、新闻特刊编辑、网络新文体采编等。

第五类,评比表彰活动。优秀新闻特刊评选、采访活动评比等。

活动的实质就是让学生进行切合实际的言语实践,这些言语实践活动不是孤立的听、说、读、写,而是整合了各个不同方面并延展到社会生活的综合的言语实践活动,如此,学生才能在言语实践的过程中建构知识,形成适应未来学习和工作的语文核心素养。

总之,学习任务群视域下的"实用性阅读与交流",首先要准确理解"学习任务群",在此基础上精心设计、引导和组织学习活动。其次要把握统编教材的单元结构和体例,紧扣单元教学任务以及文体特色创生并运用有效的教学策略,以确保学习活动的有效实施。第三,要通过丰富多彩的言语实践活动提升学生的语文能力和语文核心素养。

二、案例二

梦醒盛唐　感悟人生

——《梦游天姥吟留别》《登高》任务群设计①

人教版部编教材语文必修一第三单元属于任务群"文学阅读与写作",其中包含三课书:第七课—短歌行(曹操)、归园田居(其一)(陶渊明);第八课—梦游天姥吟留别(李白)、登高(杜甫)、琵琶行并序(白居易)(自读课文);第九课—念奴娇·赤壁怀古(苏轼)、永遇乐·京口北固亭怀古(辛弃疾)、声声慢(寻寻觅觅)(李清照)(自读课文)。《普通高中语文课程标准(2017年版)》明确指出,该任务群旨在引导学生阅读优秀文学作品,使学生在感受形象、品味语言、体验感情的过程中提升文学欣赏能力,并尝试文学写作,撰写文学评论,借以提高审美鉴赏能力和表达交流能力。

1. 以第八课《梦游天姥吟留别》《登高》即盛唐诗歌为载体,做学习任务教学设计

中国诗歌有着悠久的历史。在漫长的历史长河中,诗歌与中国人的日常生活紧密相关、与中国人的情感世界密切相连。在中国诗坛上,众多杰出的诗人为人纪念,大量优美、感人的诗歌作品为人传颂。优秀的诗歌作品已经成为祖国优秀传统文化的一部分,成为华夏儿女共有的精神财富。在这个诗歌的国度中,更为特别的便是唐诗,盛唐诗歌则尤为璀璨夺目。

盛唐诗坛名家辈出,其中最为显名的是李白和杜甫。李白被称为"盛唐之音的天才歌手",他生活在大唐王朝最为辉煌的年代。杜甫的生活经历跨越了安史之乱,是中国诗歌史上成就最高、影响最为深远的诗人。如何通过教材中示例的两首诗歌《梦游天姥吟留别》(李白)《登高》(杜甫)体味两位伟大诗人的精神气度;如何通过阅读伟大诗人的作品,体味古人丰富的情感、深邃的思想、多样的人生,加深

---

① 王蕊:《梦醒盛唐 感悟人生——〈梦游天姥吟留别〉〈登高〉任务群设计》(上)(下),《中学语文教学参考》2020年第4期,第7期。

对社会的思考,增强对人生的感悟,激发对中华优秀传统文化的热爱之情;如何通过诵读,通过声与气的传达,通过想象感受诗歌的意境,欣赏其独特的艺术魅力,进而提高自身的思想修养和文化品位,尝试写作文学短评——以上三点是这一单元的重点,也是第八课的任务所在。

2.学习活动设计

(1)观教材:单元构成 基本概念

前置任务①请结合本单元学习内容,分组合作查阅相关资料,了解中国诗歌简要面貌,并完成如下表格的填写。

表 4-3 学习活动设计 1

单元目录	时期	代表作品/诗人	教材任务	备注
7 短歌行/曹操 归园田居(其一)陶渊明				
8 梦游天姥吟留别/李白 登高/杜甫 *琵琶行并序(白居易)				
9 念奴娇·赤壁怀古/苏轼 永遇乐·京口北固亭怀古/辛弃疾 *声声慢(寻寻觅觅)/李清照				

示例:中国诗歌面貌简论。

本课书在单元篇目中承上启下,是这一单元诗歌篇目的总结,前有诗后有词。因此,有必要结合教材选篇对中国诗歌做整体观照。

思考与探究:

表 4－4　学习活动设计 2

《诗经》	距今已有三千多年的历史	305篇　风　雅　颂　赋　比　兴
建安时期	文学的自觉时代 文人五言诗创作的繁荣时期	曹氏父子:曹操、曹丕、曹植 建安七子:王粲、刘桢、徐干、陈琳、阮瑀等
东晋、刘宋	田园诗　咏怀诗	陶渊明　谢灵运

后人把建安诗歌称为"建安风骨"或"汉魏风骨",唐人曾把"建安风骨"当作革新诗风的有力口号。我们的教材中选择了曹操的《短歌行》,同学们可以从中感受"建安风骨"的慷慨意气。

建安风骨特点:

学习乐府民歌　反映社会丧乱、人民苦难

强烈的现实性　情怀慷慨　意气风发

语言疏朗　清新刚健

陶渊明是中国文学史上具有影响力的重要诗人,后代众多诗人受到陶渊明精神品格的影响,如王维、孟浩然、李白、杜甫、柳宗元、韦应物、苏轼、陆游等。同学们可以从本册书中选择陶渊明《归园田居(其一)》感受诗人的心境。

陶渊明田园诗代表作:《归园田居》《桃花源诗》等

后人称之为:"隐逸诗人""田园诗人"

陶渊明咏怀诗代表作:《饮酒》《杂诗》《读山海经》等

围绕出仕与归隐,表现理想不能实现的苦闷及不与统治者同流合污的高洁品格

唐宋两代,是中国诗歌史上的黄金时代,唐诗、宋词是中国古典诗歌大花园中最为璀璨的两朵。唐诗是中国古典诗歌的高峰,盛唐诗是这座高峰的顶点。盛唐时期,诗坛名家辈出,风格多样,流派纷呈,其中最为杰出的代表是李白和杜甫。让我们通过本课书中关于李白、杜甫的诗作,了解盛唐之音与诗人情怀。

设计说明：

　　本单元的任务主要设计为"文学阅读与写作"。本课书在单元篇目中承上启下，前有诗后有词，是这一单元诗歌篇目的总结。因此，有必要对中国诗歌面貌做整体观照，进行概述了解。按照新教材的布局，本单元篇目主要为中国古代诗词。结合新课标对关键能力和必备品格的要求，如何带领刚刚步入高中的学生漫步在历史画廊中，回顾中国古典诗歌发展的光辉历程，了解其伟大的艺术成就，是需要教师引导，需要学生整体把握的。在对单元构成和中国古代诗歌面貌有了宏观的概念之后，通过朗读和记背加强对文本的感受，通过把握教材释义，进一步疏通文本，有利于理解诗歌内容。

前置任务②朗读与记背——《梦游天姥吟留别》《登高》。

前置任务③把握教材 释义诗歌。

设计说明：

　　学生进入高一年级，需要对语文课程概念做整体了解，并充分了解语文学科凝练的四个核心素养在能力方面的要求。本单元属于诗歌单元，任务主要设计为"文学阅读与写作"。第八课选择了唐代最具代表意义的三位诗人李白、杜甫、白居易，《梦游天姥吟留别》《登高》两首是讲读重点。在学习过程中，需要对教材做整体把握，了解单元构成、基本概念，并通过单元任务驱动，知人论世、吟咏诗韵、评论鉴赏，进一步体味具有代表意义的唐代诗歌，从而提升学生学以致用的能力。

（2）深阅读：梦醒盛唐　深味经典

任务①　知人论世

古诗词中常常寄寓着诗人对社会的思考和对人生的感悟。阅读诗作，可以采用知人论世的方法。课下，同学们已经翻阅了许多资料，请你读一读这两段文字，把你的阅读感受记录下来。

表4－5　阅读内容

李白	杜甫
李白主要生活在大唐帝国最为辉煌的年代，是盛唐之音的天才歌手，贺知章称李白为"天上谪仙人"，后人又将他尊为"诗仙"。但是，李白并不完全是一个超现实的浪漫主义者。开元、天宝时期的其他诗人往往在归隐与出仕之间徘徊，而李白却毫不掩饰他对功名事业的向往，同时又因为自己不能为富贵利禄而自卑其格，故多苦闷愤激之词。他热爱生活中一切美好的事物，而对其中不合理的现象毫无顾忌地投之以轻蔑。这种已被现实锁入牢笼，却不愿意接受，反过来又想征服现实的态度，成为后人反抗黑暗现实与庸俗风习的一股强大的精神力量。他诗中的形象往往是个性化的、带有强烈的主观感情色彩，想象奇丽，手法夸张。他的乐府诗很多，取材广泛，七言古诗往往掺入杂言，雄壮、飘渺而奇丽。他的五、七言绝句，纯任自然，无意于工而无不工，优悠从容，闲雅超远。明代胡应麟认为唐代五、七言绝句，以李白为最。 　　——摘选自《中国古代诗歌发展概述》《中国古代诗歌散文欣赏》人民教育出版社2018年版	杜甫的生活经历跨越了安史之乱。他以积极入世的精神，用诗歌反映了唐王朝由盛转衰的过程。他把个人的遭际和时代的不幸、民众的疾苦紧密联系在一起，描绘出时代的面貌和自己内心的悲哀，是变乱时代的伟大"史诗"。他的五、七言古诗，格调大变，沉郁顿挫。七言律诗在他手中正式成立，沉着而痛快。后人认为杜甫律诗为唐律之最，其中五律极尽声律、句法变化之能，七律亦精练而多创造。他的诗歌博大精深，既有清新刻画的句子，又有议论和用典，有严肃也有诙谐，有柔情也有刚烈。所以，自中唐开始，杜甫就被称为"诗圣"，宋人对他更是推崇备至，谓"杜甫集开诗世界"，后人似乎从任何角度都能从中各取所需。杜甫是中国诗歌史上成就最高、影响最为深远的诗人。 　　——摘选自《中国古代诗歌发展概述》《中国古代诗歌散文欣赏》人民教育出版社2018年版

> 示例一：李白：盛唐之音的天才歌手。
>
> 　　他的诗歌是个性化的、具有主观感情色彩，想象、夸张、雄壮、飘渺而奇丽。
>
> 示例二：杜甫：诗圣，他的诗是"史诗"沉郁顿挫。
>
> 　　他积极入世，用诗歌反映唐王朝由盛转衰，描绘出时代的面貌和自己内心的悲哀。

设计说明：

在欣赏、吟咏古人的诗歌作品时，应该深入探究他们的生平和为人，全面了解他所生活的环境和时代，与诗人心灵相通。这便是"知人论世"（《孟子·万章下》）的欣赏方法。同时，在数字化时代，知识、信息对每个人而言都是开放的，因此，有必要建立一种师生共享信息、共同学习、共同探究的教学模式。教师应鼓励学生自主地搜集与诗歌有关的一系列知识与信息，并且引导学生学会加工信息、鉴别信息、分析信息、批判信息，逐步提高驾驭信息的能力以及诗歌解读的能力。教师可以向学生提供有效的学习支持，做好问题设计，提供阅读策略指导。

任务② 阅读品鉴

活动 A. 诵读感悟 吟咏诗韵

这两首诗体式不同，抒发的情感和创作手法也各不相同，诵读时要细加体会。

设计说明：

语言建构与运用处于语文核心素养的首要位置。语言是活生生的，语言需要建构，需要潜移默化地感知。如何走入语言之境，这就需要"读"。"读"书，可以默读、朗读、听读、演读，长时间积累便可以熟读成诵、出口成篇，进而运用到写作当中。事实上，对文质兼美的言语作品熟读进而精研、玩味，再到复述、引用都是有助于语感的生成和改造。这也是"文学阅读与写作"任务群的要求。这其中便需要教师的引导，教师可以充分运用新教材中的任务驱动，通过任务群的设定，在活动中呈现，在趣味或活跃的情境中，和学习者一起入场、登台，学习者自然融入到语言建构的情境之中。"读"这种方式充分调动目、耳、口、心，将单一的感官增强为综合的感知。

活动 B. 交流分享　深味经典

示例呈现:小组分享

(1)在李白笔下,会有怎样的仙境? 请同学们从诗歌中找寻相关诗句。

> 仙境:虚无缥缈、光怪陆离。(他的诗歌是个性化的、具有主观感情色彩,想象、夸张、雄壮、飘渺而奇丽)

> 瀛洲是传说中的三座仙山(东海三神山:蓬莱、方丈、瀛洲)之一,虚无缥缈。

> 时隐时现的天姥山高大神秘的特点。(神秘的色彩和浪漫的手法)

> "飞"字豪放飘逸的风格:"一夜飞度镜湖月"。

> 仙人出现——最高潮:神仙遨游　天马行空　无拘无束　任意奔驰　光怪陆离

(2)李白苦闷愤激,对功名事业有强烈向往,但他反抗黑暗现实与庸俗风习成为一股强大的精神力量

> 在诗歌中可以找到证据:安能摧眉折腰事权贵,使我不得开心颜。

(3)这首诗歌的题目是"梦游天姥吟留别"

"安能摧眉折腰事权贵,使我不得开心颜",是在梦中还是在梦醒?

> ——梦醒
> 原来美好只是在梦中。光怪陆离的梦境中的神仙世界象征了诗人期望的人间世界。

> 梦境实际上是对诗人现实生活境况的一种投影,用神仙世界的美好衬托现实世界的丑恶,用诗人在神仙世界的自由翱翔衬托他在现实世界的失意和碰壁。通过鲜明的对比,曲折地表现了他对现实社会的不满和憎恶,以及对自由、光明和个性解放的渴望与追求。诗人的梦实际上是他的政治梦即他的政治理想——做宰相(希望"济苍生,安社稷"),但现实残酷,所以寄托梦幻。(理想的浪漫)

> 通过《梦游天姥吟留别》让我们深深地感到梦幻不再、现实失意的李白之激愤之情。

（4）杜甫是诗圣,他的诗歌沉郁顿挫,为唐律之最。你最欣赏哪一句?

资料:
清·杨伦称赞此诗为"杜集七言律诗第一"(《杜诗镜铨》)
明·胡应麟《诗薮》更推重此诗精光万丈,是古今七言律诗之冠。
宋·罗大经《鹤林玉露》说,杜陵诗云:"万里悲秋常作客,百年多病独登台。"万里,地之远也;悲秋,时之惨凄也;作客,羁旅也;常作客,久旅也;百年,暮齿也;多病,衰疾也;台,高迥处也;独登台,无亲朋也。十四字之间含有八意,而对偶又极精确。
尾联对结,并分承五六两句。诗人备尝艰难潦倒之苦,国难家愁,使自己白发日多,再加上因病断酒,悲愁就更难排遣。本来兴会盎然地登高望远,现在却平白无故地惹恨添悲,诗人的矛盾心情是容易理解的。前六句"飞扬震动",到此处"软冷收之,而无限悲凉之意,溢于言外"(明·胡应麟《诗薮》)。

设计说明:

　　两首诗歌,前者之诗记梦境、写游仙,是浪漫瑰丽的想象,是迷离惝恍的梦境,是驰骋想象,是蔑视权贵,是追求自由的心声;后者登高望远,忧国伤时、悲秋苦病,写尽悲凉、沉郁顿挫。前者是梦幻醒来,仙境到人间;后者品人间疾苦,写尽人世苍凉。本部分任务意在通过精读中国古代两首优秀的诗歌作品,感受作品中的艺术形象,理解欣赏作品的语言表达,把握作品的内涵,理解作者的创作意图。并根据诗歌独特的艺术表现方式,从语言、构思、形象、意蕴、情感等多个角度欣赏作品,获得审美体验,认识作品的美学价值,发现作者独特的艺术创作。同时学生可以结合自己的生活经验和阅读写作经历,发挥想象,加深对作品的理解,力求有自己的发现。

活动 C. 梦醒盛唐　感悟人生

请同学结合阅读材料,站在时间和空间的交点,关注李白与杜甫的人生交集点:天宝三载(744 年);结合材料,通过诗歌体味诗人丰富的情感、深邃的思想、多样的人生,并通过诗歌加深对社会的思考,增强对人生的感悟。

阅读材料1：

李白（701—762）。《梦游天姥吟留别》是李白在天宝四载（745）写的。李白于天宝元年（742）奉召二入长安，他以为机遇已到，在《南陵别儿童入京》诗中说："仰天大笑出门去，我辈岂是蓬蒿人。"他入京后供奉翰林，是其一生最得意的时期，但不久就因其狂放的性格和行为触怒了朝中权贵，遭到馋毁，于天宝三载以"赐金放还"之名被迫离开长安。天宝三载（744），李白在饱受权贵的打击和排斥后，被放出京。于是他寄情于求仙访道，然而政治上遭受失败的怨愤始终郁积于怀。这首诗就是他的"发愤之作"。

杜甫（712—770）。《登高》作于唐代宗大历二年（767）秋天的重阳节。诗题一作《九日登高》。古代农历九月九日有登高习俗。此时，杜甫已在处漂泊八年，自从 48 岁至 58 岁去世，他共在外漂泊十一年。

阅读材料2：

天宝三载（744 年）夏天，李白到了东都洛阳。在这里，他遇到了杜甫。中国文学史上最伟大的两位诗人见面了。此时，李白已名扬全国，却饱受权贵打击，被赐金放还；而杜甫风华正茂，却困守洛城。

在洛阳时，他们约好下次在梁宋（今开封、商丘一带）会面，访道求仙。同年秋天，两人如约到了梁宋。两人在此抒怀遣兴，借古评今。他们还在这里遇到了诗人高适，高适此时也还没有禄位。然而，三人各有大志，理想相同。三人畅游甚欢，评文论诗，纵谈天下大势，都为国家的隐患而担忧。这时的李杜都值壮年。这年的秋冬之际，李杜又一次分手。

天宝四载（745 年）秋天，李白与杜甫在东鲁第三次会见。短短一年多的时间，他们两次相约，三次会见，知交之情不断加深。他们一道寻访隐士高人，也偕同去济州拜访过当时驰名天下的文章家、书法家李邕。就在这年冬天，李杜两人分手。

阅读材料3：

关注几个时间点：
李白比杜甫年长十一岁：李白(701—762)，杜甫(712—770)。
天宝三载(744年)夏天至天宝四载(745年)秋天。
这一年李白44岁,杜甫33岁。
这一年李杜都值壮年。
这一年李白已名扬全国,却饱受权贵打击,被赐金放还；而杜甫风华正茂,却困守洛城短短一年多的时间,李白杜甫两次相约,三次会见,知交之情不断加深。
这一年他们评文论诗,纵谈天下大势,都为国家的隐患而担忧。

阅读材料4：

《梦游天姥吟留别》写于天宝四载(745),这是45岁的李白(701—762)。
《登高》写于大历二年(767),这是56岁的杜甫(712—770)。
安史之乱:唐玄宗末年至代宗初年(755年12月16日至763年2月17日)。

分析示例:站在时空交点处去品读诗歌。两首相距22年的诗歌、两位年龄相差11岁的伟大诗人。而这中间,便有让大唐盛世不再的历时八年的安史之乱。站在《登高》书写之时的大历二年(767)去回望天宝三载(744年),两位诗人相遇之时,他们的纵谈天下、担忧大势,又怎能不令人感慨。回望这两首诗歌,通过诗歌感怀这两位伟大的诗人,从大唐的盛世华章到梦幻不再。通过诗歌体味古人丰富的情感、深邃的思想、多样的人生。通过诗歌加深对社会的思考,增强对人生的感悟。这便是诗歌的魅力,这便是伟大诗人带给我们的跨越时空的思考和感悟——梦醒盛唐 深味经典。

设计说明:

如何通过教材中示例的两首诗歌《梦游天姥吟留别》《登高》体味两位伟

大诗人的精神气度;通过阅读伟大诗人的作品,体味诗人丰富的情感、深邃的思想、多样的人生? 在这一部分的设计中,笔者打破了原有单篇教学的思路,把作品放入诗人的人生旅程中,将两位伟大诗人的人生历程放回到历史时空当中。在时空的交点中,去重新感受诗歌的历史感与文学性,而诗人也已经回归到特定的历史时空下,具有一定的历史性与人文性。这便是伟大作品的魅力,这便是伟大诗人的魅力。

3. 活课堂:读写测评　学以致用

活动:吟咏诗韵　鉴赏短评

活动 A. 梦回大唐——听听我心中的盛唐之音

以班级为单位,每个小组推举代表参加班级朗诵会。可以为诗词配上合适的乐曲和图片,增强朗诵效果。

活动 B. 品读大唐——说说我心中的盛唐之境

优秀的古诗词作品往往具有深刻的意蕴和独特的艺术匠心,学习欣赏时应当重点关注,细加品味。从本课中选择一首诗,就你感触最深的一点,写一则 800 字左右的文学短评。

活动设计示例:

时间:45 分钟
人员:按照本书 8 个单元,平均做人员分配。即将全班学生分成 8 个小组(自愿组合),每小组 5—6 人。按照单元顺序,由第三小组人员开展课堂诵读展示和文学短评交流。

活动安排:

1:梦回大唐——听听我心中的盛唐之音(关于李白、杜甫)
时间:10—15 分钟
人员:第三组 A 组(表演组)同学做诵读展示
诵读篇目:含必选篇目(《梦游天姥吟留别》《登高》)自选篇目(选择自己喜爱的李白、杜甫的诗作)

1：梦回大唐——听听我心中的盛唐之音（关于李白、杜甫）
形式：朗诵（独诵、合诵）、吟诵、吟唱（可自己谱曲、借鉴成曲）
多媒体、服装：新技术辅助；服装、道具、美妆。

2：品读大唐——说说我心中的盛唐之境（有关李白、杜甫）
时间：25—30分钟
人员：第三组B组（学研组）同学做书评研读
内容： 　1．"研读书评"选自全班同学的书写。 　2．择优秀者、特色者进行展示和分享。 　3．要求：符合文学短评书写要求、给出推介理由。
附：学写文学短评 　写文学短评要善于聚焦，从"小"处切入。 　写文学短评主要运用叙议结合的方式，要在适当复述、介绍或者引用作品内容的基础上，展开分析和评论。

任务3： 评价：由学生评委按照活动课堂和本次展示的要求对本次任务活动的呈现者进行评分				
时间	A	B	C	D
表演	A	B	C	D
多媒体辅助	A	B	C	D
小组协作	A	B	C	D
文学短评要求	A	B	C	D

设计说明：

　　开展基于新课标理念的围绕任务开展的"活动课堂"——诵读活动和文学短评。诵读展示过程中，"目视其文"怎样传达"意会之理"，"心逐其情"怎样表现"明悟之思"，这需要学习者自身的感悟，自身的"语言建构与运用"能力的储备,更需要教师的引领。这种引领,一方面是传统意义上的"句读"范示,如:文字认知,声律感受,词语体会,文脉疏通;另一方面则是有着语文课程独特属性的,体现语文味道的课堂,如:艺术形象,韵味意境,奥妙之处,神气之思。而"审美鉴赏与创造"恰恰是在语言建构基础上去理解运用之妙。那么这种鉴赏之于创造、建构之于运用,便可以通过任务群,通过设置灵活多样的、结合教材与能力的互动活动,将积累的大量的语言材料,结合丰富的感性认识,在潜移默化中形成语感,进而运用于笔触,形成读写结合、品鉴相承、悟用合一。

《普通高中语文课程标准(2017 年版)》在"必修课程学习要求"中指出,在语文学习中养成有意识地积累写作的习惯,尝试梳理文学作品的基本样式和概念,了解文学鉴赏的基本方法,在文学阅读过程中领悟鉴赏和创作的规律;同时,课外练笔不少于 2 万字,45 分钟能写 600 字左右的文章。自主写作,自由表达,以负责的态度陈述自己的看法,表达真情实感,努力学习综合运用多种表达方式,力求有个性、有创意地表达。

"选择性必修和选修课程学习要求"提到要"尝试对感兴趣的古今中外文学作品进行比较研究和专题研究,理解作品所表现出来的价值判断和审美取向,作出恰当的评价"。"文学阅读与写作"任务群要求教师应向学生提供有效的学习支持,做好问题设计,提供策略指导,适时组织经验分享和成果交流活动;鼓励和引导学生自主组织、举办诗歌朗诵会、读书报告会等活动,丰富学生的审美体验;创造更多展示交流学生作品的机会或平台,激发学生文学创作的成就感;引导学生进行自我反思性评价,为学生提供观察记录表、等级量表等自评互评的工具,促进学生不断进步。

在运用现代技术辅助学习和增强人际交往能力方面,《普通高中语文课程标准(2017 年版)》要求"学会用现代信息技术辅助交流。能独立修改自己的文章,乐于相互展示和评价写作成果";并结合"诵读"对口语表达能力提出了要求,"增强人际交往能力,在口语交际中树立自信,朗诵文学作品,能准确把握作品内容,传达作品的思想内涵和感情倾向,具有一定的感染力"。因此,通过学习进而书写是"新课标"对学习者提出的任务要求,也是关键能力的体现。

附　录

学生成果展示之我的语文老师

1. 腹有诗书气自华——我的语文老师/刘艺铭

2. 我的语文老师——致尊师/王婷钰

3. 我的语文老师/褚文旭

4. 我的语文老师/晏艺恒

5. 我的语文老师/吴迪

语文活动课堂成果展示

1. 语文活动课堂/李晓君

2. 语文活动课堂启示/周远

3. 语文活动课启示/廖雅昕

4. 语文活动课堂感悟/郑岩

5. 语文活动课堂总结/王梓桐

腹有诗书气自华

——我的语文老师

曾经有人问我，长大后想要做一个什么样的人。我想做一个有书卷气息的人。大抵就是像诗句里写的那样，手捧书卷，氤氲着淡淡的墨香，灵魂寄托在纸张中，思想徜徉在文字里。

只是后来，在如今飞速而绚烂的社会中，所谓"气"却渐渐地褪色，慢慢地弱化，"气质"与曼妙的身材，精致的妆容或华美的衣裙相联系，我也渐渐麻木，所谓"腹有诗书气自华"，或许只是诗人极具诗意的描绘，是诗人浑厚的笔触所勾勒出的那种缥缈而又抽象的气质。

后来，我遇见了先生。我忽然明白，墨香与脂粉气息终究是不同的，自内而外的书卷墨香并非粉黛珠钗所能修饰。有些人不需要浓墨重彩去勾画，就像先生一样，只是淡淡地站在那里，出口成诗，婉约似画。

先生是位师者，一本书，一支粉笔，一盏清茶，一年又一年。先生在遇见我之前，或许丛丛桃李早已纷飞于天涯海角，我遇见先生之前，也受教于诸多良师。只是先生与我曾经的师长们似是都不大相同，先生的课堂仿佛不仅仅局限于语文书上的某个字眼或是某句话，而是笑着让我们去发觉，在那薄薄的一页纸中深藏的，我们所能触碰到的情感的最本真的样子。与其说先生是在教书，不如说先生是在引领着我们，让我们迈开有些麻木的双腿，睁开在尘世中微微干涩的双眼，一步一步地走，走向文字中深藏的秘密花园。

先生是位学者，她所看过的书，走过的路，都在眸子里静静沉淀，沉淀成对于世界的温柔。先生曾要我们去阅读，去写作，走到书籍里，浸在文字里，先读万卷书，领略万种风情,才能体味古来万千思想跳动着的灵魂。或许我们看过的书很多都会被忘却,会被时光的堆积而掩盖,但却不会被埋葬。他们会随着我们的经历而沉淀在内心深处,长成我们的筋骨,凝成我们的血肉,成为属于我们自己的成长。

先生是位女子,在我苍白浅淡的生活中,先生给予了我白纸黑字之外,一份分外浓郁的色彩。当海棠树的年轮又转了一圈,当秋意染上墨绿霸占的梢头,绿的不恣意,黄的不彻底,唯有星星点点的浅红娇俏地笑着。先生靠在讲台的侧面,提着这嫣红的小东西,讲述着海棠果与她的故事,讲述着校园的故事,也讲述着时间的故事。当那些浅红色的海棠果不舍地从先生的手心,挪动到我们的手心,心中最柔软的那个地方仿佛被什么击中,好像有什么情感,从先生的心里,直直地走进了我们的心里,从此,便就在心中扎下了根。或许未来有一天,我们散落天涯,但我们会记得,记得先生在这里,记得那树海棠在这里,记得那抹青莲紫在这里。

清晨的阳光从窗子间洒落,墨绿的黑板被阳光分成两半,一半浸在漫漫长夜尚未清醒,而另一半已经迎着朝阳反射刺目的白光。先生站在讲台上,留予我们一个思考的留白,恍惚间,当先生再度开口,小石潭的泉鸣响起来了,白月光悄悄爬上了井上的围栏,金戈折戟也染上了淡红的血色……墨卷书香仿佛扑面而来了。

不知怎的,突然就想到了这句"胸藏文墨虚若谷,腹有诗书气自华"。如果有人再次问我,未来想做一个什么样的人,我一定脱口而出,我想做一个有书卷气息的人,就像先生一样。

刘艺铭

我的语文老师

——致尊师

幼时常闻："师者，传道授业解惑。"而不甚明其意。世间万物之所循，江湖庙堂之所遵谓之道；一技之长，毕生之所专谓之业；疑难忧困，学途之阻谓之惑。今师者，多善于解惑，长于授业而少重育人传道也。初见吾师，犹感文人风骨，雅士气韵，不复缥缈虚无之词，而为切实可感之物；师之言语，或似三月春风，暖人心魄，或似九月秋雨，直击魂灵。不遮不掩，不偏不避。

尤忆初入学堂之际，师解《再别康桥》一文，不拘于教材之文本，不泥于考纲之纪要，详述徐君之生平，时代之景况于吾等稚子；解《荆轲刺秦王》《红楼梦》《祝福》，则不惜课时之紧迫，音视文字，堂中俱全，既免枯见文字而不知声形之弊，又助深解文词情节，记忆晦涩之处。授《赤壁赋》一文，则另辟蹊径，不淫究于字义，而造文中意境于方寸之地，与吾等共游赤壁，同感清风徐来，水波不兴，挟飞仙以遨游，抱明月而长终；彼时酣醉文篇之感，不敢忘怀。至《荷塘月色》一篇，则融读写于一体，借书中词句，文篇思构，引写作之要义，所谓"读写不可划而谈之"恰若如此。

开"活动课堂"实为予吾等各抒己见，畅谈古今之机遇。设课本话剧，引学生细品文本，躬亲演绎书中之人。师云，知其人而后论其事，品其言，赏其作，方可得其精要，不至空读百遍，其意不解；且夫修学"语文"一门，当不限于词音句逗，天文地理，无所不及，故吾等应博览群书，广识经典，虽此时不可亲临山河各地，亦应胸怀宽广，视野开阔，不失天朝少年之气节。

而今吾师传道授业近廿载，长于诗词歌赋，精通多国文字，投身当今育人之业，无怨无悔，更以父母之心待吾等学子，桃李芬芳天下。学子年少，心有所感，不禁思绪万千，执笔涕零，不知所言。

王婷钰

我的语文老师

我的语文老师有点不一样。

看看有的语文老师，讲课时带电脑、带课本、带讲义，播着幻灯片，放着视频和音频，所有的花招都用上，底下的同学也都睡着了。这些方法不是不好，只是语文是在脑中记的，是在心里学的。

看看我的语文老师，通常一本教材、一块黑板、一支笔、一张嘴而已。说不完的古往今来，道不尽的实事和哲思，尽由一点发出，或急促、或舒缓、或激昂、或沉郁地向听者流去。

看看有的语文老师，将各种连篇累牍的分析和技巧打了包，感觉像是要将无数填满草料的麻袋向你扔来，让你接住、了解、消化。

再看看我的语文老师，给你一个大布袋子，告诉你哪种果子能吃、哪种蘑菇有毒，怎么摘、怎么剪，然后指给你一片茂密的果林，送给你一张去那的车票。她只讲重要的、有益的，用自己的分析将各种难以理解的内容掰碎了、余圆了，再向你抛过来。这样的知识伸手就能接住，比较好消化。其余的呢，以此类推，自己去捡、自己去练就可以了。

在讲《兰亭集序》时，她几乎没有讲任何的注释、翻译。而是站在讲台之上，用心地品味把玩着那些极具哲思的句子。眉头舒展、胸襟坦然，怅然吞吐，就如同亲自站在兰亭之上，崇山峻岭，茂林修竹，清流激湍，映带左右，歌颂着"天朗气清，惠风和畅"，观宇宙，察品类，赋诗兴感。不同的是，她向我们伸出树枝，带着我们思考，体会古人的境界，教我们读写结合，将感悟和思辨运用到写作中去。

在讲《逍遥游》时，她将一个个复杂的问题抛给我们，留给我们充足的时间思考，带领我们在文本中上蹿下跳。说到晦涩之处，她稍作停顿，微微一笑，先用一句话解释说明，再类比、推理，将问题化解。她喜欢让学生自己思考，体会学习的过程。她不局限于让我们理解文本讲了什么、表达了什么、背景是什么而已，她更愿意让我们了解语言、了解风格、学会思想、学会表达。

通常，语文可以变得很枯燥，但当挖掘得足够深入时，便能发觉韵味。语文不只是一个学科、一个工具，还是思维的艺术，富有美感。老师教我们发现语文的美感，从而领会思维的独特，进而发现自己的思维，知道自己为什么是一个独特的人。

褚文旭

我的语文老师

亲爱的闺蜜:

见字如晤。

好久没给你写信了,这次我想介绍我的语文老师。

那年秋天,开学的第一节语文课,上课铃响了,我的语文老师走进了教室。穿着简约,左手抱着几本书,右手捧着一个瓷茶杯。眼镜是长方形镜框,而不是圆框的;一双眼睛炯炯有神,很像黑宝石,深邃,让人看不透(很符合语文老师的设定,对不对)。笑靥如花,很好看。而且你知道我喜欢画画,而她的发型真的很赞,很棒,很美,用我知道的少数成语青丝如绢来形容,所以我就花了一节课把老师的发型画在了笔记本封面上(我知道上课画画不好)。一直留着呢。

韩愈《师说》里有"古之学者必有师。师者,所以传道授业解惑也。"老师是解惑的,是将"古"之思想传递给新生一代的。我们的老师,是个博士。是不是听上去很厉害?实际上也确实很厉害。她的教育理念,还有上课方式是我从未见过的,大概也可能是我读书少,见识少。

我们有活动课堂,就是做很多演讲,有点像报告,很有趣也很有用,老师说这是她课堂的传统,这真是机智。但对于普通课本的讲解,我们老师有的特点,和其他老师一样也不一样。一样的,比如说,朗诵都很好听,剖析的角度都很到位,喜欢边讲课文边讲故事。不一样的,比如不会明确给出知识点规定要背,只是说要背,背什么还需要自己找,不过这锻炼了我自主学习的能力;还有讲解课文,经常会给时间讨论,虽然讨论都没怎么讨论出来,我却和四周的同学增进了友谊,也发现了很多问题的切入点。老师啊,她喜欢说话说一半,剩下一半得自己去想,自己去理解,把老师给出的思路变成自己的思想,体现了"师父领进门,修行靠个人"的内涵(我也不知道这句话对不对)。

老师常说:"比学习更重要的是做人。"这是为人师表的职责——育人。先成人,后成才,我想这也是我们语文老师的教育理念。

祝:万事如意

爱你的闺蜜 晏艺恒

我的语文老师

我的高中语文老师,简单地说,是一个非常与众不同的老师。

老师讲起课之后,感受全然不同。老师为师,有其独有的风范。老师讲课的内容非常独特,我本以为这只是初高中的区别,经历过其他老师后才意识到其微妙精深之处。这尤其体现在讲解古诗文时,老师一改常见套路,并不特别关注一词一句的含义,只把这些知识作为课下的基本功,反而更加注重一种宏观的视角,在文本内与文本外不断转换,从文章的主旨脉络到作者的生平阅历,从自然情景到人生哲理,简单说就是"重意而非一"。这些内容被以提高我们的阅读能力与写作能力为线有机地串在一起。为了使我们了解课文与作者,老师使用了丰富的方法,有时她会让我们观看相应课文改编的影视作品;有时,则会以贴近生活的比喻细致讲解。还有一点出奇的是,老师的朗诵功力了得,节奏分明,气韵十足,感情充沛,极具感染力。或许就是与之相对应,老师对我们的背诵尤为关注。当一次考试中我默写发挥失常,非常荣幸成为全班倒数第一人的角色时,老师几句幽默的点评在我心中生根发芽,让我不再轻视诵读背默。

老师的功力不止于此。面对紧张的课时,她会把时间拿出来为我们上活动课堂,提高我们的综合素养;也会拿出时间让我们诵读课文,因声求气,玩味文意;有时也会与我们全班同学进行学习上的交流;即使是在占大多数的课本教学内容中,老师也会让我们进行小组讨论,表达交流。就仿佛老师有无限的时间在有限的课时中指引我们获得学习语文之能力。正因如此,老师可以别出心裁地进行语文课,就如那一次上课时,只见老师拿着一页纸走上讲台,面色凝固,神情严肃,说这纸是一位同学对作业布置感到不满写的一篇谏书。文章以文言文形式,写得极有韵味,朗朗上口。我们心中不禁拍案叫绝,同时心里也嘀咕不知是谁这么胆大包天,况且那时开学没多久,多半会给个下马威,那人就更是时运不济、命途多舛了。念罢,老师轻轻读出了文末的署名。我们正要幸灾乐祸时,老师却摆出笑颜,称赞了这位"勇敢的先锋",对这篇文章进行了文学性的赏析,然后义正词严地拒绝了不合理的提议!

老师,真一生难遇之良师。

吴　迪

语文活动课堂

活动课堂，是我的高中语文一味特色。独立思考，为其主线；与人分享，为其趣味之处。

所谓活动课堂，就是指，师生位置互换，让同学自己上台演讲，使得语文除了背诵教材，聆听老师讲解，还有了自己独立思考。

独立思考，让语文不同于以往我经历的语文。以往，三尺讲台上，唯有为人师者，可以滔滔不绝地讲述自己对于课本的解读与对于知识的喜爱。学生之于台下，或细心聆听，奋笔疾书，一本薄书，一个学期，就记成厚厚一本精心讲解，就难再去翻看了；或热衷于接一些聊胜于无的话茬，惹得哄堂大笑，老师或是莞尔或是勉强一笑，娱人也娱己；或是被老师叫起来答话，任凭老师磨破嘴皮，也难以在课上短短几十分钟，理解更深含义，大多是老师给出，大家恍然大悟，终比不上反复研磨再得出的体会深刻；更有甚者，干脆不听，任凭你在讲台上，挥洒万千，酣畅淋漓，我自岿然，或有讲课比较文静的老师，就感觉文绉绉，透着一股儒酸之气，让人不能理解也不愿去听析，老师问起，也以其他课业繁多为由，加以推卸。

但活动课堂就不一样了，大家也可以亲身感受一下，什么叫"站在老师的角度，底下的人干什么都清清楚楚"。为演讲所作的准备，是惬意的，也是不断翻看以得出新的见解的时候；或许第一次独身一人讲演，会有紧张，但每人就所喜爱的文学内容，或是余光中的小诗，或是史铁生的散文，东野圭吾的侦探小说，刘慈欣的科幻小说……有所热爱的人或物相伴，会予人以非凡的勇气和信心。

常言道："书读百遍，其意自见。"更何况喜爱之物。闲暇之时，谁不是手持一书卷,反复研看,和自己心意之处时,眼睛挪移不开。遇到好的文章,也会读读它的评价。由此以来,多方的思想火花得到碰撞,便已得出自己的感想,或有若和一契之悟,或有加深之言。

可若是,无人以分享,便是孤芳以自赏,若是积极之语,也罢,可若是消极,便极易自伤,步入伤怀,而且自怨自艾。一个人承受作品与自己的压抑,痛苦是双份的,所以说,与人分享,便会减轻心灵之担。

在课堂上,和同学们加以分享,毕竟,一千个人的眼中有一千个哈姆雷特,思考位置、方法、人生的不同,都会有不同的结果。在学习之余,寻找一些有共同品位的知己,或为自己的偶像吸引新的一波读者,实是趣味无穷。分享,双倍了快乐。

说是活动,也不免后面的课堂二字,有规定的形式,幻灯片和文档,每学期有规定的内容,可能恰好与所喜无关。但即便是有规定的样式,那也只是一个简单框架,既可以在框架之内,也可以轻轻一跃,跳出框架之外,毕竟,有光的地方,不只是光源,还有无限的外围在等待探索。规则也非,非黑即白,非是即为不是,而是像光源一样,咫尺之外,亦是可见之地。再者,规定之框定并非与所喜毫无关联,真正喜欢的东西,即便是天与地,也可以融会贯通,自然而然地提起。语文活动课堂,独立思考,加以分享,趣致无穷。

李晓君

语文活动课堂启示

"为学之道,莫先于穷理;穷理之要,必先于读书。"读书,像一条盘曲的小径,通向窈远而深邃的世界。而"经典"如一棵青松,静立在白云深处。

阅读经典能收获最宝贵的财富,能拥有最美丽的心境。读书,是韶光里最静美的一帧,是乐谱中最灵动的一阕,是画布上最惊艳的一抹,也是你我心上的那道虹桥。

然而,考核的要求,让部分同学觉得"读书"似乎变了味道,它不再是求知的道路,而成为了应试的手段。其实,拨开浮华的藤蔓,青松仍在那里,任凭白云千载,悠悠。

于是,少年们拾级而上。高一,我们开展了丰富多彩的阅读活动,其中就包括《三国演义》的阅读与讲解。我们将全班同学分为十个小组,按照顺序,每组同学负责六个回目。在讲解的过程中,同学们灵活地运用了图片展示、画图讲解、手舞足蹈等多种方式,对故事进行了生动的演绎。

更有同学从诗歌入手,从"滚滚长江东逝水,浪花淘尽英雄"到"为臣逼兮命不久,大势去兮空泪潸",从"勉从虎穴暂屈身,说破英雄惊杀人"到"马骑赤兔行千里,刀偃青龙出五关",从"今日君臣重聚义,正如龙虎会风云"到"一声好似轰雷震,独退曹家百万兵",从"对酒当歌,人生几何"到"昔日英雄凝目处,岩崖依旧抵风波",再到"鼎足三分已成梦,后人凭吊空牢骚",巧妙地将情节融于情感,再以诗词的形式兴发,颇具心意。

站在讲台上,有的同学像说书先生一般沉稳老道、娓娓道来;有的则如动漫的画外音一般,生动幽默,令人捧腹。

仁民爱物、礼贤下士、知人善任的刘皇叔;"鞠躬尽瘁,死而后已"的"贤相";"宁教我负天下人,不教天下人负我"的奸雄;"威猛刚毅""义重如山"的"美髯公",皆在同学们的一字一句中生动起来,焕发出独特的魅力。

不同的方式、不同的风格,成就了一次次精彩的演讲,也使我们的语文活动课精彩纷呈。一次次精彩纷呈的演讲,仿佛带我们回到了那个狼烟四起、群雄并立的时代,我们看到的,不仅仅是一次次惊险的战争,更有"日月之行,若出其中;星汉灿烂,若出其里"的胸怀;"大丈夫生于乱世,当带三尺剑立不世之功"的抱负;"老骥伏枥,志在千里"的心志;"不求同年同月同日生,但求同年同月同日死"的情怀;以及"三顾频烦天下计,两朝开济老臣心"的忠贞。我们在活动中共享着阅读的收获。

然而,我们的活动并不是完美无缺的,其中仍有需要改善的地方。比如,情景带入可以更加细致贴切,表现方式可以更加丰富,等等。

路在脚下,榜样在前方,经验在身后的行囊里,看青山多妩媚,看青松仍苍翠,我们,哪有理由停下脚步呢?

曾文正公曾言:"静中,细思古今亿万年无有穷期,人生其间,数十寒暑,仅须臾耳;古人书籍,近人著述,浩如烟海,人生目光之所能及者,不过九牛之一毛耳;知书籍之多而吾所见者寡,则不敢以一得自喜,而当思择善而约守之。"

吾辈自当戒骄戒躁,砥砺前行。

周　远

语文活动课启示

新学期开始之际,语文老师对于活动课又提出了新的要求,改变为新的形式,新的内容。《三国演义》整本书阅读活动告一段落,现在我们要贴近自己的生活,贴合自己的喜好,畅所欲言地演讲着自己喜爱的书籍,感兴趣的传统文化。没错,我们的新的内容便是"你读书了吗——我读了""做个有文化的人——故事大王开讲啦"。但发展中亦有相对稳定的一项主题,那便是《论语》。这正可谓契合了发展的前提必然是继承,继承我们中华民族的优秀文化,继承我们古代思想家的伟大思想,继承处世之道、为人之道。

于是我想对大家说明一个——通过读书和观察读书的人——带给我的启示。

我发现每一个人读书偏向的不同,思考角度的不同,正如他们在现实中对待生活的态度的不同。例如,有的同学爱看悬疑推断小说,比如他做题逻辑性强,生活做事清晰明了有规划;有的同学爱看关于社会与人性的深度思考的书,平时说话总是能一针见血;有的同学爱看美文散文,直接影响了他的写作水平,等等,在此不一一列举。

所以,由此可看出,其一,读书可以增加谈吐的质量和深度。知识就像呼吸一样,吐纳之间,方见人的气质和涵养。获得某种程度上的优越感,而优越感在某种程度上又是建立自信的一种方式,这是读书最明显的一个功效,也是相当一部分人想要读书的目的。

其二,读书可以对自己的思想进行自我改造和换血。对于有着相同经历和智力的人来说,看书的人和不看书的人最大的不同,是看书的人透过书本所建立的三观要远比不看书的人要广的多的多。对同样一件事情的看法,往往能透过表象直达本质,并且善于总结。当在家庭、学校甚至工作中这样相对封闭的环境里,我们没有足够的途径去感悟这个社会的复杂以及人性的善变,而一部基于现实题材的小说,就能打破这种禁锢。而当我们真正经历人生中很多事情的时候,你就会对曾经读过的书中的思想进行再次反刍,那个时候,你会更加豁然开朗。

但是我们必须明白一个事实,大部分人是不读书的,少部分人会去读书,但很有可能是带着功利性的目的去读,真正喜欢读书,看书,愿意花时间去思考问题的人绝对是少数,且少之又少。

但是人作为一个感性与理性交织在一起的复杂个体。爱好与爱情一样,在很多情况下都是一个逐步培养的过程,而结果就是最终爱上直至愿意为之奉献一生。这也可以解释为什么那么多人从小被逼着背三字经,学钢琴,学画画,学唱歌,小时候学得痛哭流涕,大了反而庆幸小时候学会了那么多东西。

所以无论你的初衷是什么,只要想读书,那就去读,读的多了,总有一天你会忘了当初自己为什么要去读书,因为你已经爱上读书这种感觉了,并最终养成习惯,古人所谓:"三日不读书,便觉得面目可憎。"此之谓也。也许我的感悟还不够深刻,但我想表达的确实就这么多。

廖雅昕

语文活动课堂感悟

当下,素质教育的推广已是不可逆转。那么,究竟什么才是素质教育?

在我们的语文活动课堂上,每一个同学能够站到台前,介绍自己喜欢的书籍,谈论着先贤经典,讲出自己的感悟与见解,从中提高自己的思辨能力。大家在浓厚的学术氛围里取长补短,既有继承,亦有批判。新颖的思维方式,不同的哲学体系,多元的文化特色,造就了我们丰富多彩的活动课堂。

活动课堂给了我们展示自我的机会,让我们有了自己的精神维度和思想境界。我想,这便是素质教育的一种表现形式吧!

而这种"新式课堂"的优势和意义又在于何处呢? 我认为,活动课堂就像一个知识的海洋,求学者可以徜徉其中,捡拾属于自己的那份智慧结晶。

但知识又能带给我们什么呢?

引理一:没有什么知识是凭空产生的。

古往今来,人类都是在实践中不断检验着自身,得出真知灼见的。古人观测天象,方有天文学的起源;农民坚守社稷,方有种植的经验与技巧;工匠精雕细琢,方有高超的技艺得以流传。由此看来,知识是人类在实践中认识客观世界的成果。既然是现实生活的抽象凝练,那么这些知识在现实生活中也会有反映,那么反映之处便是知识的"用武之地",而且这是不计时空的。比如,春秋战国时期的百家争鸣给后世留下了无尽的精神宝藏,至今仍有现实意义;古希腊的文明不仅仅在希腊地区才发光发热,经历过"百年翻译运动"的阿拉伯人依然能在另一片土地上创造自己的文明。所以,没有无用的知识,只是有的时候我们没有适当运用知识的机会。我们学习更多的知识,正是为了在机会到来的时候能够抓住机会,创造价值。

引理二:没有什么知识是能够穷尽的。

时代是进步的,社会是发展的,正所谓:"世道必进,后胜于今。"知识也是一样,如涓涓之细流向远方延伸。很早以前,人们是用钻木取火来利用能源,此后较长的时间里人类的生活很大程度上依赖于"火",直到第一次工业革命——蒸汽机的使用才改变了这一状况。但蒸汽机的发明也是在人们对火力的运用炉火纯青的基础上实现的。可以这么说,原先存在的知识就是我们进行创新的原材料。正因如此,学习知识才永无止境。

一个人的生命是有限的,唯有执着于学习,方能使人的潜能得到最大限度的释放。一个人也就能够在这一过程中获得最大的满足,一生绚丽多彩。

郑　岩

语文活动课堂总结

　　截至目前,我的小组作为主讲,共完成语文活动课堂两次,不敢说收获颇多,但也确确实实想打开回忆的匣子,流露一些有感而发的文字来抒发我的感想。

　　在小学和初中,每当有机会能在课堂上发言,多半是因为心不在焉的听课状态引起了老师的注意,从而被点名回答问题。这让我产生了课堂定是由老师掌控,学生必须侧耳聆听的观念。但是我的语文老师的教育方式逐渐改变了根植在我脑海中九年之久的想法——原来老师也愿意聆听每个学生对于学科知识的理解。在这其中,我们的语文是将四十五分钟的舞台毫无保留地对我们敞开的唯一学科。

　　与其说是演讲,倒不如说是为同学们上好一堂课。如何在五分钟内既讲出孔夫子言语的深刻内涵,又体现其在现实社会中的价值?而又如何能吸引同学们放下手中的笔纸,不由自主地想去发掘我的梦想和兴趣?原来,仅是短短的一节课的演讲,就足够花费我们小组的整个周末去构思和准备。确定演讲思路,查阅相关资料,提取关键内容,汇总所有信息,只有每一步都用心去琢磨,才能让大家真正有所收获。

　　或许,一个人在活动课堂上收获的多与少,是以给他人带来的收获的多与少作为标准。

　　而对于自身,与其说是收获,倒不如说是挖掘出了自身的一些潜能。我也曾希望走上讲台,成为大家目光所聚集的焦点,但囿于内心对于未知的抗拒,我始终难以真正地展现自己。而当走上讲台之后,我才发觉内心恐惧的迷雾早已散去,一个勇敢的自己站在道路的那头对着我微笑。我依然记得在演讲前说过这样一句话:

"接下来,大家的时间就由我来承包了。"自此,我发现我也能通过生动的讲解吸引大家的目光,赢得大家的掌声,活动课中的展示也不再是一项多么艰巨的学业任务,而成为了一个展现自我才能的过程。

当然,在演讲的过程中,缺陷也是在所难免的。对于演讲时间的把握不当,讲述过程中的口误频出,内容的讲解不够透彻,等等,都是需要我去直面克服的困难。困难的出现并不可怕,这只是一次次磨练自我的考验。只有积极地去寻找不足之处和改进方法,进行更充分的准备,不断提高自己的表达能力以及自信心,才能越过一道道阻碍,奉上一场精彩的活动课堂,呈现出一个更加完美的自己。

看来有感而发而流露出的文字尚不足以完成这篇活动总结,那我也只好主动去搜寻一下更深层的想法。面对活动课堂的一切,包括这篇活动总结,我都愿意去花上一些时间去思索。一味沉浸于望不见边际的题海中的高中生活是不完整的,通过活动课堂,我体悟到了这种教育方式对个人素养全面发展的重要意义,也在过程中与同学合作,共同进步。无论如何,语文活动课堂都将为我的回忆添上一抹亮丽的色彩。

王梓桐